U0046089

越長壽
越快樂。

吳東權◎著

高寶書版集團

生活 ✚ 醫館　生活醫館 041

越長壽越快樂

作　　者：吳東權
總 編 輯：林秀禎
編　　輯：李國祥
校　　對：江麗秋
出 版 者：英屬維京群島商高寶國際有限公司台灣分公司
　　　　　Global Group Holdings, Ltd.
聯絡地址：台北市內湖區新明路174巷15號1樓
網　　址：gobooks.com.tw
E-mail：readers@gobooks.com.tw（讀者服務部）
　　　　　pr@sitak.com.tw（公關諮詢部）
電　　話：(02) 27911197　27918621
電　　傳：出版部(02) 27955824　行銷部（02）27955825
郵政劃撥：19394552
戶　　名：英屬維京群島商高寶國際有限公司台灣分公司
初版日期：2006年5月
發　　行：希代書版集團發行/Printed in Taiwan
香港總經銷：全力圖書有限公司
地　　址：香港新界葵涌打磚坪街58-76號和豐工業中心1樓8室
電　　話：（852）2494-7282　　傳　真：（852）2494-7609

國家圖書館出版品預行編目資料

　　越長壽越快樂 / 吳東權著. ── 初版.── 臺北市 ：
高寶國際出版 ：希代發行,2006[民95]
　　面；　公分. ──（生活醫館 ；41）

　　ISBN 986-7088-42-5(平裝)

　1. 老人　2.生活指南

　544.8　　　　　　　　　　　　95006597

CONTENTS.

〈自序〉養生說難並不難

養生：調養生息、保養身體、修養品性、安養天年也。

最早提出這「養生」二字的人，應該是春秋戰國時代的莊子和荀子，可見在兩千三百多年前，先賢就重視到攝生保健、衛生強身的重要性。

到了晉代，竹林七賢之一的嵇康寫了一篇〈養生論〉，把養生的問題做了相當透澈的詮釋，而且直接指出人原可活到一百多歲，可惜眾人忽略了養生，以致把自己的壽命大打折扣，他說：「人們雖然想要健康長壽，但是養生有五大難關：一曰名利不去，二曰喜怒不除，三曰聲色不斷，四曰滋味不絕，五曰神虛精散。」

此說為歷代有識之士所認同，清代名醫程杏軒更推崇備至，常以五難為診斷治療病患的要領。

南朝劉勰在其《新論·防欲》文中也指出：

目愛綵色，命曰伐性之斤；耳樂淫聲，命曰攻心之鼓；口貪滋味，命曰腐腸之藥；鼻悅芳馨，命曰燻喉之煙；身安輦駟，命曰召蹶之機。此五關，所以養生，亦以傷生。

劉勰皈依佛門，其說可以代表佛界。至於道家，也有《養生三門》之說：

耳多聽則搖精，口多說則傷氣，目多視則勞神。精、氣、神三寶，由耳口目三門看管，宜加固守以養生。

這些話都是啟示性、警告性的養生提示，前賢唯恐世人猶未徹悟，所以不厭其煩地又提出具體的做法，嵇康以「清虛靜養」、「少私寡欲」、「不慕名譽」、「不進濃味」、「不讓外物累心」五要領為養生的圭臬；蘇東坡則提出「三養」：安分以養福、寬胃以養氣、省費以養財。他承認嵇康的養生五難的確很難突破，主要是人的欲念難除，包括肉欲、情欲、食欲、利欲、名欲等等，是隨著人性俱來，他在筆記中記敘一則日記，原文是：

昨日太守楊君采、通判張公規，邀余出遊安國寺。坐中論調氣養生之事，余云：「皆不足道，難在去欲。」張云：「蘇子卿齧雪啖氈，蹈背出血，無一語少屈，可謂了生死之際矣，然不免為胡婦生子，窮居海上，而況洞房綺旎之下乎？乃知此事不易消除。」眾客皆大笑，余愛其說有理，故為記之。

以蘇武為例，生死都可置之度外，卻壓制不住自己的情欲，竟與胡女生子，何況一般凡夫俗子耶？

總結一句話，都是一個「欲」字害人，但是人如果無欲，則萬念皆空，一切虛無，那做人還有什麼樂趣、什麼活力、什麼意義呢？所以為人成也是欲、敗也是欲；欲可使人奮發圖強、充滿希望，欲也可令人沉迷墮落、傷身害體，這個道理，相信很多人都瞭解，就差臨門一腳，知易行難，猶如眾人皆知「動能養身、靜能養心、淡能養性、恬能養生。」這些話

「年輕時候就知道，到老還是做不到。」問題就出在「擺不平心中的欲念。」

完全絕欲既不可能，毫無欲望也非人性，那麼唯有在兩者之間求得一個公約數，既不絕欲，亦不縱欲，這就是「養生平臺」的構築藍圖。

我們舉海面的鑽油平臺為例，大海中的波濤洶湧，無止無息，猶如人們內心裡的名波欲浪，難以平靜，必須在海底打下四根牢固的支柱，然後在支柱的上端、海平面之上架構一座平臺，於是就可以在平臺之上展開鑽油的作業，同樣地，我們也需要在欲海中打下四根支柱，撐起一座平臺，那四根支柱名曰「平凡」、「平淡」、「平常」、「平靜」，在這四大支柱支撐之上，架起了一座平衡穩固的平臺，它就叫做「養生平臺」。

在這座平臺上，只要一切維持平衡，不偏不倚、毋急毋緩；保持均勻、守真抱拙，勿讓平臺稍有傾斜，也就是說：我們的日常生活，包括食衣住行、育樂喜怒，不論是物質的或是精神的作為，都要考慮到是在驚濤駭浪中的平臺上進行，時時刻刻都要提醒自己；要適中、要調和、要節制、要平和；不能放縱，不能任性、不能衝動、不能貪婪，稍有不慎，就會動搖到平臺的穩定，損及四大支柱中的任何一根，都可能使平臺搖晃甚至傾斜、塌圮，只要存有這種危機感，小心維護平臺的平衡，一切保持「中庸」，不偏不倚，自然就達到了養生的目的。

作者不敏，在我自己這座「養生平臺」上已經磨蹭了將近八十年，從許多複雜的生活環境中體認到了一些精純的概念，覺得身心的健康和壽命的長短，固然有若干因素是源自遺傳的基因，但是絕大部分都是導因於後天的疏忽與失誤，也

就是沒有維持養生平臺的平衡，以致把自己寶貴的生命打了折扣，委實可惜，所以不惴簡陋，把個人數十年來在養生平臺上的「作業」心得，平實而簡約地娓娓道來，分為六十篇，兩年來每周在青年副刊上發表一篇，頗受讀者重視，其中如「動靜得宜」、「進退有序」、「得失淡然」、「緩急適中」、「畫夜順時」、「陰陽調和」、「生死由命」等，均有深入淺出的詮釋，每篇均可作為養生保健之參考借鏡，如果我們能夠在自己的平臺上把「平凡」、「平淡」、「平常」、「平靜」的四根支柱維護得很穩當，那麼，我們的養生平臺肯定是既牢固、又平衡的，那怕欲浪情波、名風利雨再兇猛狂暴，也不會動搖到我們的平臺。

　　所以說；養生這件事，說難也不難，端看如何維持養生平臺之平衡與保固而已。

1. 動靜得宜

　　動與靜，看似兩個極端，不動則靜，靜則不動，其實並不盡然，因為動中有靜，靜中有動，宇宙間每一分每一秒都在動，猶如人身，也是無時無刻都不能靜止，縱然是屏息靜氣，盤膝端坐，但是心臟仍在動，思維仍在動，所以有心靜形動，形靜心動的現象。

　　一般說來，不論心身，都不可完全靜止，所謂「活動」就是「想活就要動」，「要動才能活」。西醫為患者開刀後第二天就讓病人下床走動，何況正常的人，如果不動如山，嗜睡呆坐，必然是提早老化、搶先歸宿。

　　不過，這動靜之間是頗有玄機的，該動則動、時止則止，動不失時、靜以養性，這兩者是互為動力，相輔相成的，缺一不可，偏一不行，因此常有；動極思靜、靜極思動的說法。我國古人重視修身養性之學，從定靜安慮中去求得，講求安靜、恬靜、寧靜、平靜的生活與心境，但是往往忽略了動態的體能活動，以為那是習武練功的粗人行徑，以致文人學者的健康和壽命都很不理想，許多人都知道「風靜花猶落，鳥鳴山更幽」和「靜若處子，動如脫兔」的意境，但是在實際的生活中往往鄙棄了動的功能，最好是行有車、家有僕、畫眠夕寐、絃歌酒宴，把悅豫且康的體能消耗殆盡，到頭來就落得個「心欲動而力不逮，心有餘而力不足」了。

　　古云：「天將降大任於斯人也，必先勞其筋骨……」這個「勞」字，就是勞動、運動、行動、啟動，人們天生有一種

「好逸惡勞」的習性，大多數人都不願意勞其筋骨，以致筋疲骨散、體弱身虛，怎能肩當大任？事實上，這個動字，絕非盲動、暴動、激動、衝動，而是有恆、有節、有度、有時、有常、有序的動，要動手、動腳、動腦、動目、動口、動容、動聽，凡是身體上能動的器官四肢，都要經常保持動態，不該靜止，須知「流水不腐、滾石無苔」。所謂生龍活虎、鳶飛魚躍，都是動的表現。試想一個活生生的人，如果整天呆坐在電視機前或是老躺在沙發上，動都懶得動，四肢筋骨怎能不提前老化？

就以大腦來說罷；大腦是越用越靈光、越動越活躍，因為腦細胞是需要新陳代謝的，不去刺激它、攪動它，那就會形成一潭死水，凝固沉澱，腦細胞就越變越退化、越來越僵化，那就極易罹患老人痴呆症，成為老番癲，其下場是苦了自身，害了家人。

當然，我們所強調的動腦並非沒煩惱特地去找煩惱、沒憂愁故意去找憂愁，或是惹事生非、小題大作、去鑽牛角尖、翻陳年老帳，讓自己大傷腦筋，而是做有計劃、有步驟、有目標的運用大腦，不讓它遲滯，譬如讀書背詩、下棋習畫、學藝練功，甚至下橋牌、搓麻將也都可以促進腦細胞的活動，增強記憶力，不至於健忘糊塗，提早成為「阿里不達」。

唐代名醫孫思邈曾經提出「耳聰目明」法，也叫「養生十三法」，那就是要人們每天：

髮常梳、目常運、齒常叩、漱玉津（常吞口水）、耳常鼓、面常洗、頭常搖、腰常擺、腹常揉、攝穀道（常提肛）、膝常扭、常散步、腳常搓。

他所說的這十三法，總括一個字，就是「動」字，因為身上各部門的器官，都不宜散置不動，即便是再精良的機器，如果擱置太久，不去發動操作，也會生銹腐壞，何況血肉之軀？

不過，話又得說回來，動得過了頭，也是不符合養生法則的，小孩動過了頭，就成「過動兒」，大人太好動，整天手忙腳亂、東奔西跑，無法定下心來，欠缺鎮定的功夫，那必然是毛毛躁躁、難成大事。所以光是動而無靜，身心還是無法平衡，健康仍是沒有保障，最重要的還是動靜得宜，所謂「量力而動，盡心而靜。」這才是養生要領，學者唐君毅曾說：

> 人類靈魂最高的幸福就是寧靜；在寧靜中，你的思想情緒在它的自身安住，你的性靈生活在默默地生息，你的精神在潛移默運，繼續充實自己。在寧靜中；你的人格之各部交互滲融，凝而為一，以表現於你自己心靈之鏡中，而你的心靈之鏡光，能自相映照。

寧靜會有如此奇異的功能，難怪古今中外許多壽翁名人，無不主張「靜可安心」。例如諸葛孔明就有兩句名言：「學需靜，非靜無以成學。」可見我們在日常生活中，能夠靜心、靜修、靜思、靜觀、靜養、靜讀等等寧靜的修持，而懂得動靜互用，身心交替，該動時動，該靜時靜，有時靜中含動，有時動中帶靜，那真是如入化境、榮登養生平臺了！故曰：

> 想要活著就得動，身心動靜應相宜。
> 靜中有動動中靜，健康長壽定可期。

2. 進退有序

　　知所進退，進退有序，也是養生的一大平臺，如果不能維持平穩、選擇時機，非但事業前途會有障礙，而且身心健康也會受到損害。

　　這裡先請看看下面這幾項研判：

　　如果進退失據，應是挫敗之徵；
　　如果急躁冒進，應是覆亡前兆；
　　如果遇事退縮，應是無所作為；
　　如果以退為進，應是應變策略；
　　如果知進知退，應是處世法則；
　　如果進退自如，應是養生要領。

　　我們在平常生活中，遇到許許多多進退為難的事，令人傷透腦筋，別以為進退只在一旋踵之間，沒有什麼了不起，殊不知這當中卻含有莫大的玄機，一念之間、一步之差，就會鑄成大錯或是跌個四腳朝天。

　　試以家庭夫婦相處之道來說，日夕相處、脣齒相依，如何保持溫馨和睦，端看雙方是否進退有序，這跟男女相擁起舞一樣，你進我就退，我進你就退，互相配合，保持默契，才不致於亂了舞步或是踩到對方；倘使一方只進不退或是該退時不退，那這一對夫妻的美滿前途，恐怕已經布滿了荊棘和坎坷。

　　社會上絕大多數的人總抱著往前推進的心理，只許前

進，不甘退後，總以為能夠前進，就是光榮、成功、勝利；如果退後，就是恥辱、挫折、失敗。因此，無時無刻不在奮力向前，追求超越。這固然是一種積極的表現，但是在養生保健的立場上看來，那無疑的是要付出健康的慘重代價。多少現成的例子擺在眼前；名利是雙收了，光環是燦爛了，緊隨而至的是風險、壓力、忙碌和病魔，日正當中，春秋鼎盛的精英硬漢，往往不是後退，而是躺下。

人與人之間往往都會有一種比較好壞的心理，要是別人比我好，我的好勝心就開始發酵，不是醋味薰人，就是悒悶不樂。這種心態表面上似乎是競爭力的作用，實際上是受到進退失據的影響，導致生活會產生怨恨、暴躁、焦慮的反應，弄得食欲不佳、睡眠欠安、行為反常。如果懂得進退的軌跡，不爭一時、不圖眼前，退後一步，天地皆寬。常言道；「忍一時，風平浪靜；退一步，海闊天空。」這退字的哲學，比進字還要深奧，千萬不要以為退後是消極的行為；試想平常泊車入位是不是要倒退才能停妥？要想躍過橫溝是不是要退後好幾步才能躍過？你想找尋衣櫃頂上的物品不是要退後一些才看得見？西洋人有一句名言；退後一步，以便跳躍。這是非常淺顯的道理，可是人們往往忽略了「退」字的功能，領悟不到這進退交叉運用、靈活更替的玄妙，失去了養生法則中的一座平臺，寧不可惜？

在人際關係中我們可以經常看到有些人懷有強烈的進取心，凡事帶頭挺進、衝衝衝！好不神氣，結果呢？陣亡的、挫敗的、挨K的、灰頭土臉的、傷心喪志的，往往都是這些冒進、急進、盲進、躁進的「前進份子」，真正懂得進退之道的人，他知道如何掌握進退的形勢與時機，當進則進、該退就退，絕不爭強好勝，當拚命三郎，甚至還有些深沉穩健的人，

就利用那些急躁冒進的猛士去為他打前鋒，當炮灰，他就退居幕後，坐待收拾成果，這種人不是陰詐權謀，而是深諳進退的竅門。

倘使只知道該不該進而不知道該不該退，也是人生的一大敗筆，很多人憑其能力與機運前進到了相當的地位，富貴俱備、名利雙收，這時正是考慮進退的關卡；有人欲望薰心、利令智昏、權使腦腐，硬是固執不退、戀棧不走，那就等於坐以待斃、自作自受。眼前現成的例子太多，列舉出來會傷感情，且舉兩則古人的事蹟為例吧：一是越國的范蠡與文種；另一例是漢初的張良與韓信。這四位偉大的人物幫忙主子打下了天下，功勞蓋世，舉國同欽，照講應該是可以和主子同享榮華富貴、共度美滿人生了。結果不然，懂得進退之道的范蠡和張良，立即急流勇退，保全了自己和家族的安全；而文種和韓信呢？教權利沖昏了頭腦，體悟不到進退的玄機，居然捨不得轉身後退，以致下場悲慘、禍延家族，實在不勝愚駭，徒令後人扼腕興嘆！

所以古人嘗云：

功成而知勇退，乃符天之道；
知進而不知退，是禍己之端。

這個道理聽起來似乎很有深度，其實運用起來，連農工販夫都比知識份子還要熟練靈巧。牧牛童絕不會搶走在牛隻前面，趕鴨者一定是在鴨群後頭。也許你還沒有看過農人插秧，也是後退而不是向前，不是流傳一首這樣的插秧詩嗎：

手把秧苗插滿田，低頭細看水中天；

彎腰只為豐收卜，後退原來是向前。

好一句後退原來是向前！這句詩涵泳深邃、運用廣杳、妙處無窮，在養生的平臺上，進進退退絕對不能小覷，有詩為證：

受恩深處宜早退，得意濃時就可休；
莫待是非來入耳，從前恩愛變成仇！

3. 得失淡然

　　首先，有幾項常見的現象在這裡請教您：當您洗碗時不小心打破了一只，會不會心疼而且自責了好幾天？上街回來後，發現口袋中還剩下的幾百塊錢不見了，會不會懊惱訝異、老是想不透怎麼會掉錢？和好友搓了十幾圈麻將輸了千把塊錢，回家會不會窩囊後悔了好些日子？被友儕調侃奚落了幾句，事後一直耿耿於懷、無法化解？如果真的會這樣，那麼，您閣下的得失心態未免太敏銳了一些，對於養生保健的要領顯然是有所違悖。

　　每個人都希望有所得，毋所失，固然這是人類的貪心和私心的正常表現，原也無可厚非。不過，太強烈的患得患失、錙銖必較，定然會把自己的心境囚困於黯淡而狹窄的空間，生活得非常焦躁悒悶。因為隨時都會發生若干覺得心中不愉快的小事，無法避免，那不但傷腦筋，而且傷身體。

　　其實，我們人人幾乎無時無刻不在得失之間生活，要想無所得也無所失，那根本就不可能。早上起床看到窗外風和日麗，認為又可得到美好的一天，殊不知在您的壽命總數中卻已失去了一個單位；當您沾沾自喜地得到了職務調升的機會，可曾想到必將失去更多的精力與時間？如果我們都知道人世間的得與失就像愛因斯坦的相對論一樣，那就不會絲髮恩仇、斤斤計較了。

　　得與失，也就是贏和輸，任何人都想贏而不願輸，然而天下事必定是相對的，沒有絕對的。所以有得必有失，大得

必有大失。如果得而不失，或失而不得、不得而失，那只是例外，並非常態。一般人只注意錢財物品的得失，那叫做有形的得失，有時是得失相抵，有得有失，因此並無大礙，不影響心情。但是人心是很難滿足的，總想要得之者多、失之者少，甚至得而不失。《後漢書》載：「人苦不知足，既得隴又望蜀。」很少人會有塞翁那樣的胸襟，既失其馬，卻抱著「安知非福」的心情，結果是失而復得，而且所得還超過預期，這正是養生法則中非常標準的範例。

　　在得失平臺上很難淡出的，反而是無形的得失：名、意、情、欲，也就是佛家所說的貪嗔痴。有人把這些看得比生命還重要，寧願被名韁所羈、意鏈所鎖、情絲所綑、欲火所焚，總想求名、得意、鍾情、縱欲，很少會去思考到即使得到了想要得的，卻不知要失去比得到還要多的東西，不但身心健康不保，甚至連身家性命都會失去。

　　寒山子有一首詩寫得通俗淺顯：

多少般數人，百計求名利。心貪覓榮華，經營圖富貴。
心未片時歇，奔突如煙氣。家眷實團圓，一呼百諾至。
不過七十年，冰消瓦解置。死了萬事休，誰人承後嗣？
水浸泥彈丸，方知無意智。

　　而事實上並非人人都享有七十年的大好時光，所謂「黃泉路上無老少」，有些人為了貪得名利，費心耗神、忽略養生保健，英年早逝、含恨而歿者比比皆是。

　　如果說人們只是為了得到名利財寶而鑽營打拚，那還不失為凡夫俗子的典型角色，情有可原。令人費解的是社會上竟有不少上了年紀的人，在路旁巷口見到廢棄物、垃圾品、舊家

具、爛銅鐵、破花瓶、斷水管……，統統視為珍品寶物，揀拾回家收藏，把家中當成廢物倉庫，久而久之，就物滿為患、堆積如山，自己每天坐擁垃圾堆，如入寶山，甚有得色。這類人士，說他是病，他絕對不承認；說他沒病，鄰居也絕對不相信。人們到了若干年齡之後，幾乎都會患有這種相似的毛病，只是有的人是把真正的金銀珠寶、美金歐元偷偷地藏進自己的保險箱中，也是塞得滿滿的，每次打開來看看，同樣的也是甚有得色，如果發覺保險箱中少了一件寶物，那還得了？猶如揀拾垃圾的人一樣，發現短少了一塊破銅爛鐵，同樣地也是心疼意失，悶悶不樂。因為各人心目中的價值觀不同，可是得失的心情還是一樣的，難怪孔老夫子在一千多年前就提醒人們：「老之時，戒之在得！」為了貪得一些身外之物，不知道要付出多少代價、失去多少心血！

前人曾經為了太注重得失而吃了不少虧，所以留下很多格言警語，慎重提醒後人。譬如說：「得意忘形」、「失意忘身」、「得匣遺珠」、「得魚忘筌」等等，都值得作為我們養生的借鏡。最有意思的是唐代柳宗元寫的一篇〈蝜蝂傳〉，說是有一種昆蟲「行遇物，輒持取，其背甚澀，物積不散，卒躓仆不能起。」一直到力盡墮地而死，才不再取物背負。不曉得是昆蟲學人類，抑是人類學昆蟲，世間就是有這些怪事，你我也許都在得失之中煩惱焦慮，只是自己跳不出這座得失平臺而已。

孟郊詩云：「春風得意馬蹄疾，一日看盡長安花。」這種得，是畢生難得。白居易詩云：「絃絃掩抑聲聲思，似訴生平不得志。」這種失意，是很普遍的現象。要知道：快樂每從辛苦得，便宜多自吃虧來。想得就要有失，有失未必有得，所以要把得失淡然處之，千萬不要計較，有詩為證；

得到便宜別賣乖，失算吃虧看得開。
落地原來無一物，何必處處惹塵埃？

4. 親疏莫辨

　　諺語有云：在家靠父母，出外靠朋友。表示人生在世，不能離群獨立，必須要有良好的人際關係，彼此扶持互助、相依為命。在眾多的人際交往當中，自然就有親疏之別，如血親、姻親、近親、遠親、鄉親、宗親等等，算是比較親切的，至於親友、親鄰、親近、親故、親信等等則又是另一個層次。一般人總以為直系血親或是姻親外戚，才算是血緣關係，憑藉這層關係，彼此必定同氣相求、心聲相應。諸姑伯叔、猶子比兒，合作無間、團結一致。然而人心隔肚皮，利害各自知，結果並不如理想中那麼圓滿。

　　所謂親與疏，遠與近，都是以「我」為中心，畫成圓圈，往外輻射，越外圍就越疏，越接近中心則越親。但是，人際之間是不是越親就越可靠、越貼心、越安全呢？一定有很多人會猛搖頭，因為事實歷歷如繪，多少佞臣、小人、內奸、家賊、叛逆……，竟然出自至親的骨肉與家屬之中，令人對於親人也會萌生一種曖昧的信任與合理的懷疑。有很多具體的例證，說明有時遇到親人作梗，或是從中搞怪，其破壞力較之旁人更為可怕、更難置信、更為氣人！

　　一般所謂的三等親、五等親暫且不談，就以親生的父子、母女關係來說吧：身為父母者，親手將子女從襁褓中拉拔帶大，養之教之、呵之護之，照講應該是人生在世最親密、最可靠的親人了吧！古人嘗云：「積穀防飢，養兒防老。」可是現在的社會演變劇烈，正好變成了「積飢防穀，養老防兒」，

這怎麼說？因為很多人都在節食減肥，就怕吃得太多，要經常保持飢餓狀態，所以叫積飢防穀；至於養老防兒又是怎麼說呢？電視新聞和報章雜誌經常給了我們許多答案，不肖的子女，覬覦老人家的養老金、房地產、私房錢等等財物，總是殫精竭慮、挖空心思，不擇手段，文攻武嚇，都要把老人家的棺材本弄到手，雖然這種現象並不普及，卻也為數不少，怎不叫為人父母者擔心憂慮，不知如何是好？

《禮記》很清楚地告訴我們：

> 今父之親子也，親賢而下無能；母之親子也，賢則親
> 之，無能則憐之。

這意思就是提醒為人父母者對於親生子女也得有所辨別，賢能孝順的子女可親密相處，無能不孝的只好用捨棄與憐惜的心情對待。並非所有的子女親人都是同樣親密貼心，而沒有血緣親屬關係的也並非都是不可信任的外人，如果把親疏關係分辨得太精微、太對立，那就會自尋煩惱、自找苦吃，到頭來非被氣得七葷八素，懊惱後悔不可！

有些上了年紀的人，腦筋固執不變，沒有彈性，總認為親人鐵定比旁人可靠，即使已經發覺到有點不大對勁，甚至明知已被親人設計、構陷、詐騙、盜竊，還是半信半疑、姑息縱容，等到事情鬧大了、東窗事發了，才大發雷霆、怒氣衝天，那已經於事無補，反而賠了健康，與養生法則背道而行，雙重損失。

所以《商君書》中有兩句名言：「必不失疏遠、不私親近。」絕對不可為了要「私親近」，而「失疏遠」。因為親近未必完全可靠，有許多情況，疏遠也許遠比親近還要可靠些。

例如有些善心人士認養孤兒，或救助急難，或出資獎學；那些被濟助的人，其內心感恩銘謝的程度，絕對遠超過被幫助的自己親人，因為自己親人會認為那些捐助和接濟是理所當然的、天經地義的，不埋怨幫得太少、太慢已經算是好的了，焉有感恩銘謝之心？是故凡是太偏重親人、依托親屬而排斥友儕、疏遠朋輩，那並不是養生處世的良方。

在我們的人際關係中，除了親戚之外，其餘的都可以稱之為朋友，這其中種類甚多，如學友、畫友、酒友、棋友、茶友、股友、樂友、山友、牌友……。當然，其間良莠不齊、損益並備，主要關鍵端看如何擇交往還，不能說這些朋友都比親人好，也不能肯定他們都不如親人。清代張潮在其《幽夢影》書中有幾句話形容得好：

對淵博友，如讀異書；
對風雅友，如讀名人詩文；
對謹飭友，如讀聖賢經傳；
對滑稽友，如閱傳奇小說。

誠然，在眾多的師友當中，會有各種不同的特質和性格，我們可以選擇，可以淘汰，可以深交，也可以泛結，不像親屬家人，關係既定，無法更迭，即便其中有的是個偷搶拐騙的角色，一輩子必也無法撇清關係。

不過，朋友雖然是多樣性、可擇性的，但是倘使沒有慎選謹交，同樣地也會帶來無限的困擾，有人將損友視為知己、把奸佞當成忠義，以致誤入歧途、身陷危阱而不自覺。

由此可見，所謂「親疏」，並非專指人際關係中是否親屬抑非親屬，而是著重於交往接近的程度，諺云：

　　君子之交淡如水，小人之交親如蜜；
　　親小人則小人至，疏小人則君子來。

　　這幾句格言把「親疏」的涵義做了另一層級的詮釋，也正是我們養生哲學中所要關注的。

　　所以，在這個親疏平臺上，應該是擺脫過去那種「重親近、失疏遠」的陳舊觀念，不被親屬所圍，不將友輩疏離。這兩者之間保持模糊的銜接線，交融莫辨，而是認真「聆音察理，鑑貌辨色」，精選道義之交、忘年之伴，免得臨老還得為子女親人鞠躬盡瘁、含恨吞聲，或是枯寂苦寥、孤獨悽涼。像杜甫所吟的「親朋無一字，老病有孤舟」那樣，那就有失養生保健的要求了，因此有詩為證：

　　養兒防老為自保，遠親那有近鄰好？
　　人際關係要搞定，道義之交不可少。

5. 輕重權衡

孟子說：「權，然後知輕重。」

所謂「權」，就是秤錘、衡量、評估的意思，因為只有經過權衡之後，才分辨得出孰輕孰重。

不過，這輕與重，並不僅僅是針對物品而言。一般人都以物品的積量來分別輕重，如羽毛和棉花屬輕，金屬和石頭屬重，這是有形的。但是在人們的生活過程中，還有許多無形的、量化的東西，也可以分成輕重，譬如說病情有輕重、天災有輕重、人情有輕重、職責有輕重、語言有輕重、身分有輕重等等。因此古人對於事態演變採取權宜之策叫做「輕重之權」；對於人情世態之炎涼厚薄採取應對叫做「輕重之意」；對於處事考慮不周所導致的缺失叫做「輕重之短」；對於病況與病灶之研判發生差錯叫做「輕重之誤」。像這些人事倫常和公關酬酢方面的輕重應對，如果沒有權衡得當、拿捏妥切，那不僅會影響生活情緒、妨礙處世常規，也憑添許多煩惱、攪亂養生要領，所以對於輕重的衡量與處置，確實不容忽視。

輕與重，也可以說是小與大、賤與貴、細與巨的別稱。大多數人都注意「重」而忽視「輕」，也就是只顧大端而疏忽小節，只知大概而不知細則。因此，「智者識輕小之為害，故慎細微之危也。」這是前賢提醒我們，不要以為細微末節、輕小短暫而不加重視，須知十里長堤，潰於蟻穴；百匹錦繡，毀於衣魚。別小覷那細小的螞蟻和蠹蟲，照樣可以破壞大事、製造危機。

我們在日常生活中，常常會遇到難以處理的事情，輕輕不得、重重不得，的確很費心神，雖然有言「兩害相權取其輕，兩利相權取其重」，但是就在取捨之間，殊難定奪，連諸葛孔明都這樣說過：「吾心如秤，不能為人作輕重」。何況我們一般常人，尤其是我們在潛意識中往往還帶有某些固執的偏見和錯誤的傳統，常常把輕重的正確價值觀弄顛倒了，招致不少困擾。

就以民間「重男輕女」這個古老的成見來說吧，許多為人父母者，總覺得沒有生個兒子，縱然女兒成群，仍然是畢生最難過的一件大事。有的夫婦已經一口氣生了七八個女兒，家庭生計負擔極為艱難，就是為了重男輕女，無論如何，還要繼續再生，非要生個男孩不可。可憐的父母，被傳統的觀念所誤，終生為子女所累，苦不堪言。更嚴重的是在大陸各省，在一胎化的人口政策下，也不曉得枉死了多少女嬰！其實男女都是骨肉，女兒甚至比男兒還親密貼心，為什麼非得生男兒不可呢？這種輕重權衡失當的結果，害慘了無數原本幸福美滿的家庭。

所以我們對於輕重的衡量，一定要「因時識勢」，不應該隨波逐流，毫無主見。因為有許多事在別人看起來只是小事一椿，無足掛齒，但是對當事人來說，也許卻是一件影響深遠的大事。譬如喝酒、熬夜、狎玩、賭博等等，習以為常者會認為那只不過是輕鬆小品，生活小插曲，然而對某些生活嚴謹、健康欠佳的人來說，那簡直就是極端嚴重的事故，可能會導致家庭革命或是病魔入侵，豈可輕忽視之，不予拒絕？

世間事有輕於鴻毛者，也有重如泰山者，端看人們如何去感受、去體認、去判斷，別以為輕不足道，卻往往會有四兩撥千斤的結果出現。在養生的途徑上，稍有疏忽，就會前功盡

棄，而且都是疏忽在細小輕微的節骨眼上，所謂「小洞不補、大洞叫苦」，「輕病不防、重病抓狂」。像是洗手、添衣、服藥、運動、乘車、過街等等日常小事，總以為都是細微末節、習慣動作，殊不知許多重大事故，大都發生在這些小節上。尤其是有些患有慢性病的朋友，儘管每天都非常注重養生保健，提高警覺，偏偏就是不經心疏忽忘了服藥，於是發生了嚴重的後果。

所以在養生處世的過程中，這個「輕」字是很值得留意的，絕對不可小覷它的破壞力。比如我們常用的成語，有「輕諾寡信」、「輕慮淺謀」、「輕率行事」、「輕友重色」、「輕舉妄動」、「輕佻薄倖」、「輕薄傲慢」、「輕狂任性」、「輕嘴薄舌」、「輕浮不端」、「輕寒重勢」等等，似乎都不是什麼好的形容詞，可見這個「輕」字還得格外關注才行。因為任何事物，都不能未加權衡評比就判定其分量，一旦看輕了它，就會蒙受意想不到的損害。

由是觀之，在輕重之間，「重」字還是比較有份量。《鹽鐵論》云：「古者貴德而賤利，重義而輕財。」現代人心不古，恰巧相反，這且不去評論，光從養生的立場來說，反而是必須重視「輕」字，因為重大的事端和肇因我們一般大多會注意到、發現到，唯獨那些輕微細故，往往未加留心，沒有防微杜漸、見微知著，結果都是因小失大，後悔莫及。故云：

輕重拿捏要適中，棉絮黃金等量重；
價值判斷莫差錯，沽名逐利總成空！

6. 緩急適中

　　「事緩則圓，急則僨。」僨是敗壞、壞事，這句話是前人累積了多少次慘痛的教訓而歸納出來的經驗之談，實在值得我們參酌。

　　所謂「急」的字面意義是迫、緊、忙、烈等等，至於「緩」字是寬、柔、舒、遲等等意思，和「快」、「慢」兩字的意義還有一點點差距，因為這兩字不僅只是形容或是敘述外表的情狀，它還兼含了內在的心理現象，比較有深度。

　　在我們日常生活中，隨時都會遇上緩急的事與人，事情的緩急可以由主觀意識加以判斷處理，人性的緩急就得很有耐心去應對相處了。常常在馬路上看到一對夫妻吵架，很多原因都是由於緩急不得調適，引發意見相左。從出門時開始，性急的老早就打扮穿著妥當，鞋襪均已穿好，站在門口等候，另一個則仍在摸東摸西、走進走出，總要被一催再催、叫了又叫，才匆匆忙忙、嘀嘀咕咕地走出門來。一個有時間觀念，心急如焚；另一個沒有時間觀念，慢條斯理，所謂「急驚風遇到慢郎中」，怎能不吵起來？

　　上面這個例子中，相信大多數人是不會同情那個慢吞吞的後者，然而實際上「急性」的人卻往往會闖出許多紕漏，讓性緩的人去修補破洞。我們經常可以看到「急就」、「急轉」、「急變」、「急躁」、「急促」、「急行」、「急難」、「急救」等等動詞，幾乎都是令人不大放心的表現。「急不擇言」往往得罪人，「急火攻心」後果堪虞，「急水

下灘」一發不可收拾，「急轉直下」事態相當嚴峻，「急性病症」叫人憂慮，「急來抱佛腳」總覺得來不及。除此之外，恐怕只有「急公好義」、「急流勇退」、「急起直追」這幾句辭彙還算給這個「急」字保留一些面子。

不過，「緩」字也並不是完美的詞句，雖然說事緩則圓，但是往往緩不濟急；「緩兵之計」也是迫不得已的拖延戰術；「緩衝地帶」只是暫時緩和雙方的衝突；「緩歌慢舞」則是靡靡之音，白居易的「緩歌慢舞凝絲竹」和王昌齡的「吳姬緩舞留君醉」，描寫得有聲有色；最有價值的只有一句「緩步當車，無事為貴。」這句話對養生哲學很有正面的提示作用，所以在人生修持上，褊急或褊緩、太緩或太急，都有忌諱，均有缺失。甚至「內急外緩」、「外急內緩」、「內外皆急」、「內外並緩」也都岌岌可危，「雙急則裂、雙緩則弛」，對處事待人是如此，對攝生保健，更為顯著，體虛最忌急補、凍傷焉可急烤？同樣地是有病不能緩診、療疴豈可緩議？這是大家都知道的道理，可是竟有不少人常常犯了不是病急亂投醫，就是拖拖拉拉、延緩遲滯，耽誤了求診復健的最佳時機。

莊子有幾句話說得很有道理：

安危相易、禍福相生；緩急相摩、聚散以成。

的確，緩急是相摩的，猶如太極兩儀，互補混一；夫婦相處，緩急相濟，自然團圓和諧，換句話說，也就是急的緩一些，緩的急一點，磨合相融，容忍互讓，彼此以緩鎮急，以急濟緩，或是當急勿緩、當緩勿急；當緩則緩、當急則急。正如《說苑》所云：「調其緩急而處其宜。」以及《淮南子》所言：「審緩急之度而取予之節。」這都是養生哲學的至理名言。

　　大體說來，年齡的大小應該和性格的緩急是成正比的，由於年輕時比較急躁魯莽，經過數十年的磨練之後，老來時不但猴急的個性有了修正，連言行舉止也都遲緩下來了，照講老人家應該是「老神在在」，可以忍心靜氣、沉著穩重了。但是實際的情況並非如此，我們不難發現有許多上了年紀的老兄，依然暴躁如雷、急劇似火，遇到稍有不爽不遂的小事，居然也會大發雷霆，急如星火，再加上老來固執、剛烈頑強，非得立刻行動、馬上著手不可。夫妻倆相處幾十年了，仍然是水火不相容，隨時爆口角，三天一大吵，每日數小吵，這種行徑和個性，往往無濟於事，不但破壞生活情調、疏離家人、得罪親朋，更是腦充血、心肌梗塞、昏迷、休克、中風、高血壓等可怕病症的肇因。所以中年以上的人們，如果想要保持晚年的幸福安康，就得密切注意這「緩急平臺」上的適中，絕對不能偏頗！

　　《唐書》記載名相裴度的一件故事很有意義：

> 裴公在中書，左右忽白以失印，公怡然，誡勿言，方張宴舉樂，人不曉其故。夜半宴酣，左右復白印存，公亦不答，極歡而罷，或問其故，公曰：胥吏輩盜印書券，緩之則復還故處，急之則投水火，不可復得矣！

　　裴晉公真是懂得操作緩急、化解危機的智者，換作別人，一聽說大印不見了，必然心慌意急，立即下令搜查，停止一切宴會活動，盜印者肯定會把大印毀棄，再也找不回來了。可見一緩一急之間，端在當事人的智慧抉擇。許多事例告訴我們，事情有緩有急，處理的方法要有緩急之分，如果急事緩辦，緩事急辦，必然僨事。但是對於修身養生，則當需以緩鎮

急、以柔制暴，尤其是中老年人，寧可稍緩不急、暫緩毋躁，
用平常心、老成持重的態度，面對人生的旅途。所以說：

榮辱名利想得通，暴躁焦慮易中風；
不急不緩要適中，和顏悅色不老翁！

7. 入出順暢

　　所謂入出，就是「吃喝」和「拉撒」，也是每個人每天都少不了的工作。上自總統院長，下至販夫走卒，不論身分高低，不管年紀大小，誰都必須「入出」。也許是這些工作太頻繁、太習慣了，因此就不大注意，尤其對於「出」——拉撒，更是忌諱提及，未予重視，以致這原應「入出平衡、收支相抵」的嚴峻性和必要性，被一般人疏忽了，使養生保健的功能大大地打了折扣。

　　談到吃喝，好像沒有什麼學問，人天生就會吃喝，娃娃剛出生就會吸吮乳頭，從嬰兒到老頭，以七十歲為平均數吧，每日暫以三餐計算，總共約莫吃喝了七萬六千六百五十餐，零食消夜還不算在內，再不懂得吃喝的笨蛋，也會體驗出吃吃喝喝的門道，品嘗出吃吃喝喝的滋味了。

　　對中國人來說，飲食更是歷史悠久、精彩絕倫，這項文化，在全球堪稱獨步，我們可以從菜餚的原料、烹飪的技巧、品味的細膩、形式的要求等方面看得出中華料理的豐富內容。試看《四言便讀》中所說的菜餚原料：

> 佳餚盛饌，五馬三犧，龍肝鳳髓，熊掌蜜蜂，羊羔鯉尾，鯊翅海參，猩脣豹胎，鵝掌鹿茸，羊尾鹿脯，燒鵝火薰，牛脯臘肉，細蹄眼睛，稭魚肉酢，鴨蛋坐臀，炙蟹嗆蝦，蚰蜒蜆蟹，銀魚蝦米，燕窩雞羹，腦髓腰子，肚肺肝心……

　　不得了，光是這些葷菜，就夠令人瞠目結舌了，況且素料蔬瓜果豆都還沒有提到哩！所以身為華夏子孫，真是大有口福。然而，正因為我們太會吃、太好吃、太貪吃，才想出了各式各樣的吃法，比如燒、烤、燉、燜、煎、蒸、炒、炸、醃、薰、凍、腐、生食。不幸的是這許多巧妙的技巧烹飪出來色、香、味、觸、覺皆有的食物，卻害了國人的身體，口福是享受到了，可是付出的健康代價實在太昂貴了。

　　更嚴重的是人們只顧口舌之快、味覺之爽，拚命地「入口」（吃喝），卻從來不考慮到「出口」（拉撒）的問題，光進不出，或是入多出少，體內儲存了過多的資源：膽固醇、血糖、三酸甘油脂、脂肪肝等等有害無益的「外匯存底」；甚至連廢棄的雜料都無法如期排洩得很順利，積存在大腸直腸裡，發酵釀毒，那才糟糕。所以近來發現國人許多毛病，大都是入出管道出了問題，而且情況還非常嚴峻。

　　如果站在養生保健的立場上來檢視我們的「入出口」問題，那就更加值得認真檢討改進了，因為過去我們實在太任性、太嗜吃了，就以飲酒來說罷：西洋人士在高腳水晶杯中傾入小半杯白蘭地或是威士忌，抓在掌心中搖晃了老半天，才送到脣邊抿一小口，那半杯酒會喝上幾十分鐘；反觀我們呢？管它什麼XO、什麼軒尼詩？一視同仁，仰首就乾，才夠豪爽，殊不知每年喝酒喝掉一條高速公路並不算稀罕，只是把自己的肝臟整得慘不忍睹，胃腸搞得千瘡百孔，到了時辰，秋後算帳，惡疾纏身，神仙也只能搖頭嘆氣！

　　還有人有偏食、暴食、零食、吸食、吞食等怪癖，而且貪求口舌的刺激感，嗜好辛、鹹、甘、酸、苦、臭，味覺特重，否則就覺得淡而無味，難以下嚥，卻不管甘味入脾傷腎、鹹味入腎傷心、辛味入肺傷肝、酸味入肝傷脾、苦味入心傷

肝、臭味入肺傷胰。至於偏食營養失衡，暴食胃腸受損，零食徒增脂肪，吸食麻醉神經，吞食造成毒癮，都是養生路上的坑洞，掉進去很難爬得上來。

要知道近年來何以癌症的病例直線上升，而千方百計設法減肥的胖子卻有百萬餘人之多，究其肇因，與吃喝拉撒的習慣脫不了關係，相信沒有人會否定這項因果，但是大家卻不去嚴格把關、澈底瞭解這「入出」的弊端何在，不想治本，卻花了大把錢財和慘重代價去治標減肥，這真是很荒謬的生活方式。

所以，先把吃喝的「入口」問題處理好了，那拉撒的「出口」問題自然迎刃而解，其實簡單得很：「三高、五低、七分飽」這一句就概括了吃喝的要領。所謂三高，就是食物必需選擇高鮮度、高纖維、高鈣質；五低是低糖、低鹽、低油、低膽固醇、低刺激；七分飽的道理誰都知道就是再好的美食佳饌在前，絕不貪吃，只要自己覺得有點飽了，即便還可以再吃半碗，也不要再夾一筷，寧可保持半飽狀態，不讓胃腸加班趕工、負擔太重。

近來醫界學者紛紛跳出來呼籲大家要多吃五穀雜糧和生機蔬果，這是很有道理的，只可惜勸者諄諄，聽者藐藐。筆者的老母親今年九十八歲，她從小就吃全素，魚肉不沾、辛辣不碰，每天只吃地瓜稀飯、蔬菜豆腐維持健康的身體，迄今除了自然老化之外，別的任何毛病都沒有，就是一個典型的例子。

「調和鼎鼐，適口者珍；餐有定時，食不逾量。」這是入出順暢的基本條件，更是養生的不易法則，是故有詩為證：

多吃蔬果少糖鹽，不胖不瘦把壽延；
入出順暢無障礙，活要活得有尊嚴！

8. 晝夜順時

　　唐堯〈擊壤歌〉云：「日出而作，日入而息。」《朱子家訓》說：「黎明即起，洒掃庭除要內外整潔；既昏便息，關鎖門戶必親自檢點。」這幾句話，清晰地指出了人們日常生活作息的要領，它對我們養生保健的基礎工程上畫下了一座平臺的建構藍圖。

　　古人所謂日月盈昃，辰宿列張，寒來暑往，秋收冬藏。地球上動植物的生長盛衰無不隨著天體運行而變化，人體也是一個小宇宙，跟大自然息息相關，如果懂得順著時令運行，就比倒行逆運還合乎養生之道，這是很淺顯的道理，可惜現代人在紙醉金迷、燈紅酒綠的社會中，竟不顧自身的健康，公然違悖了自然法則，大膽向天道挑戰，不按照晝夜的差異配合作息的時間，居然晨昏顛倒、日夕不分，把自己血肉之軀去和大自然相抗衡，焉不灰頭土臉、敗下陣來？

　　根據中國古早醫界的研究，認為人體內臟的運作跟天體的運行，大有關聯，從地心引力到日月盈昃與星球角度的變動，都會影響到人體經脈氣血和情緒的穩定度。而且，在每天十二個時辰中，我們體內的五臟六腑跟血氣運行的最高系數，也各有特殊的分別，例如子時（深夜十一時到凌晨一時，每一時辰是兩個小時，順序類推）血氣運行到膽臟，丑時運行到肝，寅時運行到肺，卯時到大腸，辰時到胃，巳時到脾，午時到心，未時到小腸，申時到膀胱，酉時到腎，戌時到腦，亥時到三焦。當血氣經脈運行到某一臟腑時，其活動頻率正達到

最高峰，此時最好不要去干擾它，讓它好好運行，免得受到損傷，就是愛護自己身體的基本知識。

　　但是，偏偏就是有人不信邪，罔顧自然法則，反其道而行之，該進食時不食、該睡覺時不睡；不該生氣時暴怒，不該傷心時悲慟，須知「晨宵惱懼，有若臨淵」，「熬夜一宿，傷及筋骨」。大好的白晝，從黎明到黃昏，多麼好的時光，可以做任何事情，卻將它浪費虛擲，去做不該做的事，或是「春宵苦短日高起，從此君王不早朝。」等到白日依山盡、月上柳梢頭的時候，立刻精神百倍、中氣十足，美其名叫「夜貓子」，或是「晝伏夜動」與「晝伏夜飛」的老鼠和蝙蝠，完全與宇宙運行的動向相背，忍令體內經脈血氣運行錯亂，斲傷體力元神，委實令人匪夷所思！有些人是為了職責工作，不得不從事夜間通宵達旦的任務，那是為生活所逼，情有可憫。根據上海醫學專家最新統計，近五年來從事夜間工作者的壽命平均只有四十五・七歲，罪魁禍首就是常年熬夜、不能定時進食、生活缺少規律和壓力過大所造成。

　　跟隨天體運行，天一亮就起床，天一黑就睡覺，是最合乎自然的生活。在白晝一整天當中，除了上班、打工、上學、開店之外，夜晚萬勿透支精力去過夜生活，及早就寢，利用夜眠補充精神，才是基本的養生之道。有些無所事事的人，會覺得漫長的白晝，很難打發，甚感無聊，尤其是退休人員，日子更感難過，於是就躺在床上睡懶覺，到了夜幕低垂，更加焦躁不寧，躊躇不安，不用說，夜裡必定失眠，如此惡性循環，鐵鑄的漢子也維持不了多久。

　　因此，懂得生活情調的人，就把白天安排得多彩多姿，清儒陳眉公在《小窗幽記》中記載他的生活：

讀義理書、學法帖字、澄心靜坐、益友清談、小酌半
醺、澆花種竹、聽琴玩鶴、焚香煮茶、泛舟觀山、寓意
弈棋；雖有他樂，吾不易矣！

還有《緣愛誠語》中列出日常四十樂，更為細妙：

高臥、靜坐、嘗酒、試茶、閱書、臨帖、對畫、誦經、
詠歌、鼓琴、焚香、蒔花、候月、聽雨、望雲、瞻星、
負暄、賞雪、看鳥、觀魚、漱泉、濯足、倚竹、撫松、
遠眺、俯瞰、散步、盪舟、遊山、玩水、訪古、尋幽、
消寒、避暑、隨緣、忘愁、慰親、習業、為善、布施。

如果再加上現代的生活方式，則更有電視、音響、網
路、電影、電話、觀展、聽講、旅行等等，不勝枚舉，應該可
以順著節令氣候安排得非常豐富充實，不致於感嘆日子不好
過。

至於夜晚，就應該睡覺休息，不再勞心費神，睡前勿用
腦，免得睡不著，即使一時無法入眠，不妨躺在床上默誦詩詞
或哼歌按曲，閉目息思，也比起身去做任何事都好。《小窗幽
記》云：

人人愛睡，知其味者甚鮮，睡則雙眼一合，百事俱忘，
肢體皆適，塵勞盡消，即黃粱南柯，特餘事已耳！

又云：

冬起欲遲、夏起欲早，春睡欲足、午睡欲少。

　　有午睡習慣的人，最好每天午睡片刻，有益無害，但絕不可久睡，否則夜晚就會輾轉反側了。

　　古人說得好：「閒中覓伴書為上，身外無求睡最安。」日作夜息，順時運用，不要與宇宙運行唱反調，對自己的健康絕對有益無害，故曰：

　　早睡早起身體好，順時作息別亂搞。
　　晝夜溫差宜留意，晨昏顛倒最糟糕！

9. 陰陽調和

　　依據我國《易經》的推論，宇宙間萬物萬象，莫不如同太極之兩儀，一陰一陽，互動而生，天地乾坤、日月晝夜、夫婦男女、晴雨寒暑等等，幾乎都離不開「無極而太極，太極動而生陽、動極而靜，靜而生陰，靜極復動，一動一靜，互為其根，分陰分陽，兩儀立焉」的運行規律。這兩儀就是陰陽。陰陽構成了宇宙萬象，也衍生了天地萬物，最明顯的莫過於男女，這一陽一陰合之，則構成夫婦、家庭，進而繁殖了子女，構成了五倫關係，維持人類社會的架構，倘使陰陽無法調融，兩儀不能互動，那麼，整個秩序都會失調。《漢書‧董仲舒傳》中有兩句話說得簡要：「陰陽調而風雨時、群生和而萬民殖。」這也是養生平臺上非常重要的一項建築工程！

　　男女異性之所以會由相識而相慕、相慕而相愛、相愛而相親、相親而相合，都是陰陽兩儀的動力所促成，這和陰電和陽電相吸的原理一樣，人們無法領悟陰陽兩儀的功能，只好用「情意」、「情欲」兩詞合而成為「戀愛」一詞作為代表，因此，我們可以清晰地、簡單地說：陰陽（女男）能夠調和，戀愛必定無礙；戀愛能夠成功，陰陽定必調和；只要陰陽能夠調和，就可以滋生萬物，衍化無窮。

　　吳稚暉先生曾說過一句名言；「什麼戀愛？精蟲作怪！」事實上他這句話並沒有說對，應該是「什麼戀愛？陰陽放電！」戀愛是男女雙方共同起意，互相放電而促成，並非單靠男方的生理作用片面而起，現代名詞叫做「求偶素」和「荷

爾蒙」的作用，其實也就是陰陽兩極的吸力，當發育完成的男女兩性互相注意時，會從肢體上和雙眸中發射出電波，如果彼此有了感應，表示這陰陽兩個磁場已經產生了激盪共鳴的功率，戀愛進行曲於焉奏起。否則，孤陰則不生，孤陽則不長，這是誰都明白的道理。

　　一般人所認知的「陰陽調和」以為就是指男女交媾做愛而言，其實只說對了一部份，當初造物者創造生命時為了希望動植物生生不息，所以在繁殖的動機和過程中附添某些激素與快感，藉以鼓勵從事敦倫以延續後代，不意人類為了貪圖肉欲感官的刺激，竟把神聖的任務當成享樂縱欲的手段，將性愛視若娛樂項目、市場商品、婚姻契約，違悖了創始者的原意，以致遭受到種種性病的譴責與懲罰。真正的陰陽調和，絕不僅僅只是「肉」的契合，更重要的還有「靈」的融和，夫妻之所以會由兩個陌生的個體結合在一個屋簷下生活，性愛行為固屬必要的生活內容之一，但並非全部；肉體交媾雖然可以增強夫婦感情，但並不全然。彼此之間的關懷、溫存、照應、體貼、尊重、疼惜、愛撫、安慰與鼓勵，同樣地也是夫妻恩愛、家庭和睦的構成要素，當然，能夠再加上性愛洽調美滿，那就更幸福不過了。

　　也有人誤認為性愛只是男人玩弄女人的下流行徑，而且是非常骯髒齷齪的一回事情，所以有些女性相當被動而反感，乃造成了陰陽不調的遺憾，難免動搖到夫妻的感情，這就值得檢討改進了。根據醫學界的研究分析，咸認夫妻性愛保持正常圓滿，可以助益身心健康；第一可使內分泌增加、刺激新陳代謝、精神愉快；第二可以降低體內癌細胞的活動力；第三可以增加神經系統免疫功能；第四可以鬆弛壓力、加沉睡眠、增進食欲、強化筋骨；第五可以充實生活情調、豐富生活內涵。這

是指處在正常的情況之下的陰陽調和，如果有變態、失常、怪癖、無能、恐懼等不正常的現象，那當然又另當別論了。

至於所謂「節欲」、「寡欲」、「禁欲」和「縱欲」、「洩欲」、「貪欲」，均非常態；「過與不及」和「寡而不均」都有悖陰陽調和之道。要知道，性愛與年齡、情緒、健康、環境、氣氛、時空等都有密切的關聯，不能一概而論。以年齡來推算，勉強可以求得一項公約數，正如福州諺語所云：

> 二十更更（我國古代一夜分為五更、二十歲上下性欲最盛、每夜可以做四五次愛）、三十眠眠（一眠意指一夜）、四十隔夜、五十數錢（古時數銅板，以五枚為單位）、六十燒香（初一和十五進廟上香，表示每隔半個月做一次）、七十月圓、八十過節（每年有端午、中秋、春節三大節慶）、九十過年、一百免談。

當然，這些比喻，既可佐談資，也僅供參考，因為這檔子事，往往是因人、因時、因地、因故而大不相同也。

《禮記》云：「陰陽相摩，天地相蕩。」夫婦能夠白頭到老，大都是依賴相摩相蕩而來，孤寡者形單影子，陰陽失調，身心兩寂，日子豈能好過？還有那反常的、懸殊的老少配，更是陰陽難調，靈肉脫軌，勉強湊合，並非美事，對於養生保健，都是不正常的、背道而馳的現象。所以說：

> 陰陽和合壽且康，夫妻恩愛情義長。
> 靈肉並重老來伴，風調雨順保平安。

10. 生死由命

　　宇宙運行、生滅不息，天道循環、周而復始。人類生存在世上，猶如細胞附生在人體中，隨時都在新陳代謝、分裂衰滅，所以一個人的生死乃極為自然而且正常的小事，用不著大驚小怪或是哀慟逾恆，只是人們唯恐失去生命，把死亡視為天下第一要事，因此千方百計要保留、延續生命，於是有了什麼「長生不老之藥」、「保命不死之丹」等等傳奇和神話流布人間，成為有悖自然法則的笑話。

　　其實，任何生命只要有了始，鐵定有終。從呱呱墮地的那一時刻開始，即已註定必有一個死亡的時辰，只是人類無法肯定其死日，因為「同樣的生，百樣的死」。有了生命之後，可能會由於意外、病疴、自裁、非命、自然、老化種種原因造成死亡，使人們無從判斷，更不知何時降臨，所以才心中悚懼，深怕死神前來索命。

　　不過，人上一百，形形色色，有的人視生命如草芥，死不足懼，二十年後又是一條好漢；有的人視生命比天大，怕死怕得要命，卻又不知善自養生，弄巧反拙；有的人混混懵懵，從來沒有思慮到生死的問題，糊里糊塗過日子，也糊里糊塗地結束了生命；有的人特別珍惜自己的生命，萬般調養、千方鍛練，冀望能夠活到一百多歲，往往事與願違；有的人……。雖然人人皆要死，可是由於各人對生死的認知有差距，所以會衍生出許多不同的觀念來。

　　說實在的，生死既然是大自然中必然的定律，那就用不

著那樣提心吊膽、擔憂害怕死亡的到來了。既來了白天,過一會必定有黑夜;冬天已經降臨,春天還會遠嗎?《莊子·知北遊》說:

生也死之徒,死也生之始,孰知其紀?

又說:

人之生,氣之聚也,聚則為生,散則為死。

在春秋戰國時代莊子就已經把生死看得如此透澈,活在二十一世紀的現代人,猶對生死法則懵然無知,焉不慚愧?

常言道:好死不如歹活。又說螻蟻尚且偷生,何況人乎?因此有些人不願意死、不想死、不肯死,也有些人心存恐懼,深怕死亡時的痛苦,更害怕死後屍體的腐臭,其實這些掛慮都是多餘的、無用的,根據有些從鬼門關裡轉一圈又活回來的人說;死亡時就像疲倦至極昏然入睡;也有說是突然眼前一黑,就什麼也不知道了;也有說是感覺到自己的意識飛出肉體,穿過一道黑洞,見到許多親人,甚至有人說死去就像出獄、畢業、搬家、更衣、出遊,好像很輕鬆平淡的樣子,只是看在未死的人眼裡,卻免不了心生驚懼罷了。

寒山子有一首詩云:

欲識生死譬,且將冰水比:水結即成冰,冰消返成水。
已死必應生,出生還復死;冰水不相傷,生死還雙美。

用水與冰來比喻人的生與死,確是另有一番境界。本來

嘛，依據物質不滅定律看來，肉體的構造來自於自然，最後還是返歸自然，佛家說「四大皆空」把生命一語道破，所謂身體是由土、水、火、風四項構成，當肉體圓寂以後，這四大要素遂歸還自然界，一切成空，猶如冰化為水一樣，毫不稀奇，明白了這個道理，對生死存亡的現象，也就不會看得太嚴重了。

在《呂氏春秋・貴生篇》中有這幾句話：

全生為上，虧生次之，死次之，迫生為下。

呂不韋把人生分為四等：上等是生活得非常完美；次等是生活得有所虧缺；再次一等是一死了之；最下等的是在逼迫無奈的情況下苟全生命。可見古人是把生命的終結要比苟且偷生看得還重要，所以有許多仁義之士為了理想與尊嚴，會毫無猶豫地捨棄生命，不甘願過第四等人生。一直到現代，雖然人們已經沒有古人那股慷慨悲歌、視死如歸的豪情，但是仍然抱著「活要活得健康有尊嚴、死要死得痛快而乾脆」的願望，所以銀髮族之中流傳著這樣的口頭禪：「生要好、老要慢、病要少、死要快！」人生的生、老、病、死四大關卡能夠如此通過，那真是最上等的人生了，還有什麼比這更完美的人生？

所以，站在養生保健的立場上來看，這座生死平臺，必須把生與死這兩個對稱的自然現象保持平衡，勿太重視生，也莫懼怕死，因為太重視生，反而生得太痛苦；如果太害怕死，反而招致死神的注意。「萬般皆由命，半點不饒人。」懂得隨緣由命，勘破名利，身心愉快，神清氣爽，自然健康，焉不長壽？聖嚴法師在其《智慧一〇〇》書中有幾句開示得很淺顯：

生命的可貴，不在於貪求一時的享受；

死亡的價值，是在於完成奉獻的任務。

又說：

如果迷戀生命，就會貪生怕死；
如果厭倦生命，就會逃避責任！

這幾句話的確值得我們深思，是故在這裡總結四句：

貪生怕死非丈夫，逃避責任真懦夫。
活要尊嚴死要快，勘破命理就是福！

11. 喜怒以類

　　喜與怒，一般口語上叫做喜悅、高興與生氣、憤怒，這是人性七情中的兩大要素，對於身心的健康有密切的關聯，如果沒有保持平衡，調適得宜，會在不知不覺之中損害到養生保健的要求。

　　照理說來，喜悅應該是有益身心、提高情緒的心理活動，所謂人逢喜氣精神爽，喜上眉梢意興高，但是如果不懂得疏導、淡化與收斂喜悅的衝擊，那就會使情緒失控、行為反常，甚至「喜極而泣」，或是「喜盡悲來」。不管是「喜形於色」、「喜出望外」，都可能產生副作用，所以有許多善於養生的人往往對值得高興喜悅的事都採取淡然處之、一笑置之的態度，不影響情緒的起伏。不過，這並不是每個人都做得到，完全要看修養功夫，譬如突然中了大獎，喜不自禁，有人可以用平常心處之，不形於色、不多張揚，好像沒有中過大獎一樣，可是大多數人可能是欣喜若狂、言行異常、坐立難安、寢息不寧，非但全家鼎沸，也使親朋側目，導引歹徒覬覦，其結果如何，可想而知。況且大喜、驚喜、乍喜會使血壓突然升高，心跳劇速，常常聽到打麻將的人突然自摸到一張好牌，興奮逾恆、大喜過望，竟然身子一斜，倒在牌桌底下，不省人事，這並非笑話，而是確有其人其事。

　　至於恚怒、憤怒、暴怒、盛怒等等，用不著贅言就知道是養生的大忌。怒氣可以暴跳如雷，可以直髮衝冠，可以血流五步，可以喪失理智。一個人當其怒火中燒之時，會怒吼、怒

號、怒罳、怒罵、怒叱、怒咒、怒恨、怒瞪，甚至髮指皆裂、氣結血噴、動刀拔鎗。本來，每個人的情緒都像一江春水緩緩而流，水波不興，往往都是受到外界的刺激，不是狂風暴雨的激盪，就是人為的撥弄，才會「驚濤裂岸，捲起千堆雪。」有人天生性情溫和、耐力很強，那怕是百般無理的欺凌與戲謔，也不會生氣動怒；有人卻天生暴躁易怒，稍有違拂或逆意，立即火冒三丈，怒不可遏；有人則依賴養生的修持，培養豁達的胸襟，能夠忍受外來的壓抑與內心的翻騰，將怒氣蒸發。事實上，憤怒並不是解決問題的唯一方法，固然有時候也需要發發脾氣來表達不被重視的窘況，所謂「不怒則不威」，因而有「布衣之怒」的典故，但是絕大多數的憤怒，往往都於事無補、於人有害、於己有損。明明是一件可以化解、可以商量的事情，倘使滲入怒意、展現怒容、口出怒言、目露怒光，其結果必然是不歡而散，甚至一言不合，拳腳相向，不但壞事、傷人還損己，即便是由於大發一頓脾氣而解決了事端，然而那一怒的代價卻是相當沉重的。有人因為一怒而丟掉了性命，《三國演義》中的周瑜和王朗是怎麼死的？就是被孔明激怒而氣死的。

　　根據現代醫學研究發覺：當人們產生憤怒的情緒時，心臟的運作效率會降低百分之五，有些人甚至下降達百分之七以上。此外，發怒也會使心跳與血壓提高而增加心臟負荷，尤其是每次急遽的心跳壓迫血液衝過動脈時，可能會造成血管微裂、形成血小板，經年累月積聚下來，很可能導致冠狀動脈的疾病。所以我國「國家衛生研究院」研究小組駱重鳴主任表示：

　　　敵對意識強烈者是心臟病的高危險群，預測一個人是否

早夭或長壽，如果以是否容易憤怒作評估，要比抽菸、
高血壓、高膽固醇更準確。

這個結論，對輕易動怒的人來說，無異是當頭棒喝！

由此可知，喜與怒都是各有利弊，適當的喜怒，保持平
衡，並無壞處，在養生的觀念上看來，能夠保持淡淡的喜悅、
朗朗的心境、微微的莞爾，而不隨便動怒、輕易生氣、動輒憤
懣，是最好的喜怒平臺。我國古代聖賢對喜怒的評價，都很嚴
苛，如《淮南子》云：

夫喜怒者，道之邪也。

另外《莊子》也說：

喜怒者道之過。

又說：

怒者逆德也。

因此，要「理好惡之情，和喜怒之節。」必須要有適當
的調節，不宜任其放縱揮發，要在可制約的範圍內，分清楚時
空與人事，應喜時而喜，應怒時而怒；不該喜時勿喜，不該怒
時勿怒，這叫做「喜怒以類」，能夠做到這一點，確是人生修
養功夫的極致，不但在待人處世方面達到圓融正直的境界，對
於自身的攝生保健，也有很大的裨益。可惜絕大多數人都難以
有效控制自己的喜怒情緒，等到情緒發洩之後，才懊悔不已，

是故《左氏》書云：「喜怒以類者鮮，易者多。」

　　當然，為了求得養生平臺的平衡，我們必需好好駕御喜驢怒馬的馳騁，莫讓其恣意奔馳、脫韁撒野。但是並非每人都要做到像《三國志》中的〈先主傳〉所言：「少言語，喜怒不形色。」而是起碼應該學習把握分寸，增進修養，隨富隨貧且隨喜，不開口笑是痴人，朝「喜怒以類」的目標前進，不要暴怒狂喜，也不要一再忍氣吞聲，或是不苟言笑，因為過分壓抑或是故意矯揉，非但對自己的健康和形象不好，而且還會被友儕視為陰險深沉，機鋒莫測，像劉備一樣被戴上一頂「奸雄」的帽子。有打油詩為證：

　　　　喜不露色太深沉，怒時無聲勝有聲。
　　　　每把戲言多取笑，常含樂意莫生嗔。

12. 苦樂相隨

　　疾病是痛苦的根源，痛苦是疾病的花果；健康是快樂的基礎，快樂是健康的樓閣。在人生的庭院中，不會沒有亭臺樓閣，也少不了草木花果，端看主人如何去架構建築、如何去栽種剪飾，有的人規劃設計得非常典雅，有的人卻點綴得雜亂無章、荒蕪頹圮，任令整座庭院毫無生意。

　　可不是，那一個人能跳得出這一座庭院，擺脫苦籐樂蔓的糾纏？如果處理得好，畢生多采多姿、絢麗爛縵；處理得不好，一輩子生活在荊棘叢中，身心俱疲、焦頭爛額，遑論養生保健了。

　　「苦盡甘來，樂極生悲。」這是兩句極其普通的成語，人人耳熟能詳，只可惜未能深悟體察，作為礪志與惕厲的圭臬，以致常常遭遇「甘盡苦來、樂生極悲」的下場。嚴格說來，苦與樂完全是每個人主觀意識的認定，有人生活的條件很差，在旁人看來是受苦，可是他卻覺得很快樂，顏回就是典型人物；有人生活在錦衣玉食、朱門豪宅之中，可是他並不快樂，反而覺得痛苦，因此還要藉各種刺激感官的藥物來麻醉神經，產生了許多不肖的紈袴子弟，所以林語堂曾說：「人類的一切苦樂都屬於感覺。」

　　的確，人們貪樂畏苦，乃屬天性，客觀環境反射在主觀意識上，就顯出了苦與樂的影子。羅素在其《論人類的未來》一文中這樣肯定地說：

快樂的獲得，一半要靠環境，一半要靠自己。

所謂環境，包括飲食、居住、健康、愛情、工作以及良好的親友關係。羅素說：「如果某人具備了這些條件，依然不樂，那便是心理上有問題。」說來說去，苦樂的判定，仍是主觀的裁示。

由於苦樂導源於心理上的感覺，而心理直接影響到生理的運作，所以就牽涉到養生的問題，不過，大多數人都有一種誤判，認為應該追求快樂才會有健康，蒙受痛苦就會失去快樂，其實這是倒果為因的觀念，而且還漏失了主觀的意識作用，我們檢視古今中外的史實，歷代皇帝當中，除了幾位開國的君王之外，似乎所有的皇帝都不很健康，壽命也都不長，他們的環境難道不夠好嗎？所享受的樂趣難道不夠多嗎？不錯，正因為他們的「樂」享受得太豐厚了？而「苦」歷練得太稀薄了，才不符合養生保健的要領。

根據學者的研析，環境的苦，可以令人堅強、惕礪、清醒、奮發，它可以磨練一個人的心志、筋骨、耐心、抗力，而這些正好都是養生的良性元素；至於外在的樂，卻會令人淫逸、驕奢、怠惰、喪志，它會懈弛一個人的氣概，令人精神萎靡、生活失常、懵然慵懶、降低免疫力、錯亂內分泌，這些都是養生的惡性元素。由此可見，外在的物質和環境之苦樂，對於人們的健康壽元影響極深，而且其結果與一般人的概念正好恰恰相反。

明儒李笠翁在其《閑情偶寄》書中說：

樂不在外而在心，心以為樂，則是境皆樂；心以為苦，則無境不苦。

　　這幾句話更肯定了「境隨心生」的學說，也構成了養生哲學上的苦樂平臺。因此歷來講究養生的前賢先進，莫不強調採用心理的主觀意識去追求自覺之樂、揚棄外在之苦，如清代著名畫家高桐軒所說的「十樂養生」，在旁人看來，那十樂也不過只是平常生活中的若干小節而已，所謂：

　　耕耘之樂、把帚之樂、教子之樂、知足之樂、安居之樂、暢談之樂、漫步之樂、沐浴之樂、高臥之樂、曝背之樂。

　　這些樂，見仁見智，有的根本不值一提，可是在大畫家看來，竟是人生之樂，正符合了李笠翁所說的法則。

　　我們看地球上平均壽命最長的人們，往往出現在山村鄉野而不在繁華市廛，其原因非常明顯，只要自己覺得很快樂，縱然是處在窮鄉僻野、蓬門茅舍、簞食瓢飲、粗衣布履，卻生活得輕鬆愉快、樂在其中，當然就對健康有益；如果內心覺得很苦，即使是高官富賈、位重權大，仍然還是悒悶不樂、愁眉苦臉，內分泌怎麼會正常？免疫力怎麼不減弱？

　　可見苦與樂是沒有顯著的分界線，也沒有肯定的價值觀，所以站在養生的立場上，是把苦樂當做一粒打破了的雞蛋，蛋白與蛋黃是混淆不清的，苦中有樂、樂中有苦。黃蓮樹下彈琴，苦中作樂何妨；聲色場中撒錢，樂極生悲可嘆，前賢有兩句很客觀的評語：

　　當樂境而不能享受者，畢竟是薄福之人；
　　當苦境而反覺味甘者，方纔是真修之士。

　　所以苦不足悲、樂不足喜，全看人們用什麼樣的心態去
感受罷了。故云：

　　　　意志多自苦中得，悲傷每從樂後來。
　　　　苦樂原是雙胞胎，形影相隨分不開。

13. 睡醒分明

人，除了可以分為男女、老少、賢愚等類之外，還可分為活人、死人，活人當中，又有睡著的人和醒著的人。因為睡著的人是沒有知覺的，有了知覺，就是醒著的人。我們常說「睡覺」就是睡著之後，還要醒覺過來，如果有睡沒有覺，那就是「一睡不醒」。不過，由於「人上一百，形形色色」，其中自然免不了少數例外：有人似睡非睡、似醒非醒、半睡半醒、似睡似醒，也就是經常都是渾渾噩噩、迷迷糊糊，處在惺忪懵懂、神智不清的狀況中過了一輩子。

從養生的立場上來看，睡和醒應該是涇渭分明、互為因果的，睡眠是為了儲備醒時的精神，猶如一般家電用品之充電作用；醒時是為了要飲食和活動以維持與延續生命，如果充電不足，能量就不夠，自然影響到生命的活動，這兩者之間，是互相激盪的，睡眠充足，精力就豐沛，醒時的活動力就強；活動力強，入夜睡眠就酣沉充足，如此循環不已，身心必然愉快，也正符合了養生的要領。

睡醒分明，對我們的日常生活是何等重要的事情，可是自古以來討論養生保健的學者們，似乎未予重視，極少著筆談及，好像只有宋代的程顥有一首〈秋日偶感〉詩中前四句提到：

閒來無事不從容，睡覺東窗日已紅。
萬物靜觀皆自得，四時佳興與人同。

　　當然囉，睡眠充足，神清氣爽，不僅是看到萬物皆自得，即便是看到眾人也會都很順眼。大概是這種現象太普通了，因此引不起大家的注意，其實，這個睡醒問題並不簡單，仔細檢視一下，其間還隱藏著很多種複雜的程式：睡可醒、可睡可醒；睡中醒、半睡半醒；醒想睡、要睡不睡；醒又睡、似醒似睡；該睡時醒、該醒時睡；該睡不睡、該醒不醒等等，所以把人們的精神和生活弄得昏頭暈腦、身心疲憊。

　　在如許複雜的情況之下，給大家印象最深刻的就是「失眠」，根據資料統計，臺灣島上的居民有百分之廿八的人數患有失眠症，在廿歲到廿九歲的年齡層中，每三個人就有一個人失眠，這項數字居世界第二，僅次於美國。《今周刊》報導說：2004年不到一年，臺灣人已吃掉了十一億元新臺幣的安眠藥。這個問題怎不令人憂心？從醫學角度來看，失眠對心身的損傷是非常嚴峻的，而且還會影響工作效率、閱讀情緒、降低食欲、暴躁悒鬱。嬰兒初生，每天要睡十六小時以上，三歲到五歲每天要睡十至十四小時，隨後逐年遞減，五十歲以內，每天八小時；六十歲以上大約熟睡六小時就夠了。所以睡眠要佔一個人壽命的三分之一強，如果睡不好，那必然會縮短壽命。

　　至於睡眠的時間，應該要配合天體的運行；日出而作、日入而息，「由戌至卯，睡之時也；潔靜涼爽，睡之處也。」如果可以騰出時間午睡片刻，更有養生意義，尤其是在炎炎長夏，午時小睡，大有裨益。明末詩人李笠翁在其《閑情偶寄》書中說得動人：

> 況暑氣鑠金，當之未有不倦者，倦極而眠，猶飢之得食，渴之得飲，養生之計未有善於此者。

因而前人有詩讚曰：

花竹幽窗午夢長，此中與世暫相忘。
華山處士如容見，不覓仙方覓睡方。

但是午睡不宜太長，否則就會影響夜間的正眠。

用正確的文字表達：「晝眠夕寐。」午睡叫眠，夜睡叫寐，古時是分得很清楚的，後來才通稱為「睡覺」，涵蓋了日夜眠寐的起止過程，躺下曰睡、醒來曰覺，而且是「先睡心、後睡眼。」才是正常的、標準的眠寐。大多數人都把睡醒這件生活大事看輕了，等到夜裡失眠，才發覺問題嚴重，為什麼不在醒時就考慮到睡眠的重要性呢？當我們看到孩子們在白天裡運動率很高，就知道傍晚必定會提早上床入睡，同樣的道理，大人們卻忽略了自己的生活習慣，不去勞動筋骨，而去費神耗腦，尋找感官上、精神上的刺激，吃濃茶、飲咖啡、吸幻藥、喝烈酒，把神經麻痺、生理反常，入夜豈有不輾轉反側、難以入眠之理？

一旦睡醒失去平衡，要睡不能睡、想睡睡不著，只覺得腦門發熱、心煩意亂、思路分歧、四肢倦怠，那種滋味是很痛苦的，所以最後只有仰賴鎮靜劑、安眠藥，吃成慣性，對身體損傷極大。有人試用各種方法催眠：睡前做體操、用熱水泡腳、喝杯熱牛奶、閉目數牛羊、默誦古詩詞等等，都不見得人人有效。清代著名養生家曹慈山在其《養生隨筆》書中自述：

愚謂寐有操縱二法。操者，如貫想頭頂，默數鼻息，反觀丹田之類，使心有所著，乃不紛馳，庶可獲寐。縱者，任其心游思於杳渺無朕之區，亦可漸入矇矓之境。

　　相信這二法也有很多人試過，成否各殊。陸放翁倒有兩
句詩頗有意思：「書卷才開作睡媒」、「手倦拋書午夢長」，
採取閱讀一些枯澀的書籍來作「睡媒」，也不失是一條入眠的
途徑。反正只有一條路，就是必須要有足夠的睡眠，才會有清
醒的心智和健康的身體，這兩者之間的界限，是劃分得清清楚
楚的，所以有四句順口溜：

　　畫眠夕寐精神好，晨昏顛倒人易老；
　　睡是充電添能量，纔有體力耐辛勞。

14. 貧富有別

　　貧與賤、富與貴，似乎有聯帶關係，但也並不盡然。不過，貧賤與富貴之間，卻有顯著的落差，這倒是相當肯定的。

　　貧者未必賤、富者可能貴；富者也許賤、貴者或有貧。如何鑑定貧富？要從有形的錢財產業和無形的智慧道德兩方面去求其公約數，僅有其一，並不算是真正的富，一般人都拿有形的財貨去做衡量的標準，顯然並不正確，何況財貨的價值高低究竟要多少才算是富，也很難界定，我們暫且不提「貧無立錐」與「富可敵國」這兩個極端的現象，就拿平常概念中的「有錢人家」和「貧寒人家」來談談，看看在養生平臺上是否可以取得一個平衡點。

　　莎士比亞有一句名言：「人而安貧，與富者捋。」要知道各人生活的環境和家庭的背景各有差異，如果出生在比較匱乏的家境中，而且又屢遭種種難測的不幸，家道清寒，經濟拮据，這時，更要洞察人生、體悟修養的重要性，而首要的急務就是培養安貧樂道的精神。這句話也許很八股、屬於老生常談，但是卻不能不談，因為唯有安於現實、欣然承受，才不會被貧寒絆倒，只有能在困境中保持健康的體魄、旺盛的意志，始能突圍而出，改造生活氛圍，如果因為貧寒而淪為低賤，一蹶不振，那就毫無救藥，等待貧病而終了。白居易的〈樂天心不憂〉詩云：

　　朝飢有蔬食，夜寒有布裘。

　　幸免凍與餒，此外復何求？

　　對於有形的物質生活，越是簡陋平凡，越有助於養生，正可以朝向無形的精神生活去追求豐足，藉心靈的豐潤、品格的清標、知識的卓越、生活的規律去替代有形的缺憾。所以古今中外，幾乎都有一項慣例；「貧寒出孝子、鄉野多遺才。」試想有多少聖賢豪傑、高士英才，不是出身貧困、脫穎寒門？英雄不怕出身低，王侯將相本無種，貧窮就像一層春冰，豈能壓蓋得住土壤中的苗芽？

　　明末詩人李笠翁在其《閑情偶寄》書中談到窮人行樂養生的要訣：

　　　別無良法，亦只有退一步法；我以為貧，更有貧於我者，我以為賤，更有賤於我者，以此居心，則苦海盡成樂地。不獨居心為然，即鑄體鍊形，亦當如是。

　　總而言之，就是孔子所說的「貧而知樂」。所謂黃蓮樹下彈琴、苦瓜棚下唱歌，自得其樂，身心俱暢，有何不可？

　　至於富者想要養生保健，看似容易，其實比貧者還要難些，因為富者必多財產，財產多必招忌、招盜、招騙、招劫、招挖、招競、招綁，所以必須時時防備、處處提神，所謂「有錢人家，眾怨所歸。」「財為身累，富則多事。」如果不懂得營運管理，散財行善，小心謹慎，而是拚命追求物質的累積和金錢的聚斂，反而陷溺於無止境的欲望當中，其後果是比窮人還要悽慘，因而富者養生並不在於錦衣玉食、名車豪宅、食補藥調、養尊處優，而在於如何保持平靜的心情和健康的身體。

　　平心而論，貧者的煩惱遠比富者簡純，危機感與壓迫力

也沒有富者那麼嚴峻，再加上有錢人營養太好、勞動太少，所以大多數易患「富貴病」，所謂「十個胖子九個富。」胖子的毛病，肯定此瘦巴巴的窮人要多好幾種，最常見的是心臟病、血糖高、壞膽固醇高、肝脂肪、血壓高、三酸甘油脂高、尿酸高等等，另外附加失眠、神經過敏、緊張、多疑、暴躁、熬夜、酗酒、縱欲等不良生活習慣，簡直就是在自我摧殘，遑言養生保健。

孔子說：「貧而知樂、富而好禮。」再加上子貢所言；「富在知足，貴在求退；貧而無諂，富而不驕。」這幾句話正是貧富兩者養生的金科玉律，所以一般市井小民，家無恆產、身乏餘財，反而是坦坦然、悠悠然，心無掛礙、自由自在，古人有〈知足歌〉六句說得好：

棟垣何必要嵯峨？田園何必苦謀多？
衣裳何必用綾羅？盤飧何必美魚鵝？
娶妻何必定嬌娥？養兒何必盡登科？

能看穿這六個何必，焉不自得其樂？而那些高官富賈，只要能做到好禮、知足、求退、不驕這四種修養，同樣地也可以享受到人生的樂趣，摒棄「富而多事、貴而繁憂」的苦惱，做一個「氣靜形安樂，心閒身太平」的健康人，只可惜世間大多數的豪門巨族和達官顯貴往往無法擺脫名韁利鎖的羈絆，揮拂不掉虛驕暗怯的籠罩，不能和一般人那樣過著恬淡無懼的生涯，在養生的平臺上，形成了貧富有別的現象。

姑不論是有錢抑是沒錢，深入體悟白居易這首〈對酒〉詩，總有點好處：

蝸牛角上爭何事？石火光中寄此身；
隨富隨貧且隨喜，不開口笑是痴人。

15. 長短互見

　　每個人，都有所長，也有所短。長處和短處，有時是互相易位，截長補短，並非長處都是優點；也不是短處一定就是缺點，人上一百，形形色色，長短不一，優劣互見，所謂智商高低不同、身材肥瘦各異、命運遭遇迥別、生存環境懸殊，因此不能等量齊觀、一概而論，諺云：「人比人，氣死人。」就是勸人不要勉強與別人一較長短、評比高下，免得「氣死驗無傷。」

　　常言道：「尺有所短，寸有所長。」別小看雞鳴狗盜之徒，卻能夠及時救了孟嘗君一命；數萬精兵勇士，竟然保不住天塹之國的後蜀主孟昶，「十四萬人齊解甲，寧無一個是男兒！」類似這種現象，俯拾即是，可見人之所短，不見得就沒有用處；人之所長，也未必都可以派上用場。是故諸葛亮曾說：

　　　　老子長於養性，不可以臨危難；商鞅長於理法，不可以
　　　　從教化；蘇張長於馳辭，不可以結盟誓；白起長於攻
　　　　取，不可以廣眾；子胥長於圖敵，不可以謀身……

　　簡單地說，就是每個人都有長短，用其所長則成；取其所短則敗，端看站在那一角度切入，不能片面論斷。正如《淮南子》所云：

才有修短也，胡人便于馬，趙人便于舟。異形殊類，易事則悖矣。

本來嘛，社會上各人都能盡其所長，彌其所短，就像蜂蟻社會，各專其職，分工合作，定必和洽融溶，無所爭鬥，可惜人類進化太快，思想複雜，潛意識中產生一種毒素——妒忌，這種惡質的、天生的習性，使那原先可以截長補短的社會組合變得非常弔詭而仇隙，人與人之間不能彼此尊重敬佩，看到旁人的長處，就心生嫉妒，暗中較勁，於是妒恨、妒惱、妒怨、妒怒、妒猜、妒羞、妒忌等等不正常的心理作用於焉萌芽，充塞胸臆、盤旋腦際，不但形之於色、出之於口、藏之於心、見之於行，這在養生平臺上自然產生了惡性的平衡。

我們從小孩子的表現來觀察；看到別的小孩穿得漂亮、有玩具、有糖吃，自然的反應就是「我為什麼沒有？」於是立即向大人提出要求，不得如願，就惱怒、吵鬧、啼哭。及至長大，從學校到社會，同樣地看到旁人的長處時，心生敬佩者少，暗中嫉妒者多，最常見的是妒忌人家漂亮可愛、妒忌人家人緣良好、妒忌人家書讀得好、妒忌人家很出鋒頭、妒忌人家升遷得快、妒忌人家娶得嬌娘、妒忌人家男友英俊、妒忌人家買了新居、妒忌人家換了新車……這也就是所謂妒才、妒賢、妒色、妒財、妒能、妒名、妒帥，反正見不得人家比自己好，無論是親戚、朋友、同學、鄰居、同事，只要覺得自己不如他們，心裡就不痛快、情緒就不寧靜、言行就不正常，有人埋藏在心底發酵、有人藉故大發脾氣、有人指桑罵槐、有人冷嘲熱諷、有人借題發揮、有人遷怒家人，於是配偶受氣、孩子受罪、家庭受擾，自身則血壓升高、消化不良、睡眠不沉、分泌失調、免疫力降低，經常發生如此狀況，不用多說，那簡直就

是自己拆掉了養生平臺，在不知不覺之中挖鬆了自身健康的基礎。

所以戰國時代的荀子就提出警告：

士有妒友，則賢友不親；君有妒臣，則賢人不至。

站在養生的立場來說，則是「妒心太重，則人緣不佳；妒火太烈，則健康不良。」所以我們應該自己審視自己的性格，是不是容納不下比自己賢能優秀的旁人？嫉妒心是不是隨時隨地都會像星星之火一樣可以燎原？每次發生妒忌惱恨之後是否覺得頭腦暈眩、胃部不適？如果有這些現象，奉勸閣下，必須趕快改正。「靡恃己長，罔談彼短。」這是《千字文》中的格言；「不矜其長，不掩其短。」這是荀子的勸勉。別以為妒忌是婦女的專利，好像妒、妬、嫉三字都是女旁，表示女人善妒，其實男人何嘗不會妒忌？男人之妒，比女人更為激烈可怕，對自己的損傷更加嚴重，古人將嫉妒列為婦女「七出」之一，可見大家對這一習性之厭棄與排斥。

西哲羅素在其《論快樂》一文中也指出：

人類最不幸的一種天性，莫過於妒嫉了。一個居心妒嫉的人，不僅對別人會幸災樂禍，而自己也會因妒嫉之故而不快樂。他因不甘心別人所擁有的東西而覺得痛苦。

自己不如人，就當努力以赴，迎頭趕上，無法匹比的事情，只有自認短缺，欽佩別人特長，心平氣和，性靜情逸，不管怎麼說，「一枝草，一滴露。」自己多少也有一點他人所短的長處，否則又如何能夠在這萬丈紅塵、濤濤人海中打滾過來

呢？有詩為證：

競誇己長遭人忌，自知綆短還深汲？
何必爭強又鬥勝，萬事莫如養生急。

16. 城鄉參差

　　人類所生活的周遭環境，對心身的影響非常深巨，所謂「近朱者赤，近墨者黑。」這個道理盡人皆知，只是礙於現實的限制，不能像孟母那樣可以三遷教子，大多數的人沒有能力遷徙到理想的地方去，出生在市廛，就得在鬧市中廝混；投胎到農家，就得在鄉村裡成長，但是這城鄉之隔，對生活其間的人來說，是有相當程度的參差。

　　在工商業發達的現代，一般人為了工作的需要、物質的追求、生活的方便，遂大量集中居住，聚眾成市，形成了鄉村人口流失，城市繁華擁擠的現象，這是很自然的趨勢，原也無可厚非，可是對人們攝生保健的要求上來說，那就有點不大平衡。

　　我們看住在鬧市的居民，活動空間狹窄、作息時間緊迫、呼吸空氣齷齪、周圍噪音聒耳、鄰居互不往來、生活支出浩繁、偷盜壓力甚鉅，不過，當然都市生活也有其優點與方便之處，並非一無可取，否則，明知有如許缺點，為什麼竟有那麼多人往市區裡擠？探究其原因，一是逼於生計，不得不爾；二是都市也在改進，朝城廂鄉村化的目標努力；三是大家只顧到現實，罔顧看不見的害處，更遑言攝生保健了。

　　不錯，現代進步的都市中，也都廣植樹木花草、闢建大小公園，使市區和鄉村的差別不致太大，讓居住城廂中的人也可以享受到鄉野的優點，減少鬧市的塵囂，然而比起真正的農村生活，畢竟還有一大截差別，即便早晚也有人在公園或校園

裡散步運動，那畢竟只是少數，絕大多數的人仍然如同魚缸中的熱帶魚、鳥籠裡的畫眉鳥，怎能與自由自在、享受自然的鄉村居民相挌？

明代詩人張潮在其《幽夢影》書中說：

> 居城市中，當以畫幅當山水，以盆景當苑囿，以書籍當朋友。

這幾句話，說得很謙卑、很低調、也很無奈，但是也很實在，誠然，一幅掛在客廳裡的山水畫，可以百看不厭的原因，就是讓人有神遊和想像的空間，替代了真正的山水風光；一座盆景、幾盆小樹叢花，放在陽臺或窗框上，同樣地也可以把它幻覺為後苑前院的假山花卉，佇立凝神，依然心往神馳，怡然自得；架中圖書、几上報章，日夕為伴，隨時可讀，解悶驅寂、求古尋論，亦師亦友，益智益德。這是古代居住城區的人想出來的消遣良方，現代則更有電視可看、廣播可聽、伴唱可歌、網路可上、電訊可傳、麻將可搓、棋牌可玩，早晚到公園去運動，偶爾到郊區去旅遊，身體有一點不對勁，上醫院求診也很方便，生活條件比前輩要舒適很多，所以人們平均存活的壽命也越來越長。

但是，居住在鄉村，對攝生保健、延年益壽這方面更有實實在在的好處，如果要「奮不顧身」地追逐名利、滿足欲望，當然要跳進萬丈紅塵、擠進水泥森林，否則，就應該遠離囂市、疏棄繁華。明代洪應明在其所著的《菜根譚》書中云：

> 山居胸次清洒，觸物皆有佳思；見孤雲野鶴而起超絕之想，遇石澗流泉而動澡雪之思，撫老檜寒梅而勁節挺

立，侶沙鷗麋鹿而機心頓忘。若一走入塵寰，無論物不
相關，即此身亦屬贅旒矣。

可不是？山村鄉野，空氣清新、環境幽靜、山光水色、
鳥語花香，最適合人類起居，也是大多數人所嚮往的地方。宋
代大畫家郭熙在其所著《林泉高致》書中說得扼要：

君子之所以愛夫山水者，其旨安在？丘園靜素，所常處
也；泉石嘯傲，所常樂也；漁樵隱逸，所常適也；猿鶴
飛鳴，所常親也。塵囂韁鎖，此人情所厭也。

所以他擅畫山水，濃縮自然景色於畫幅，將秀水蒼山搬
進客廳，真是造福市民。而晉代高士陶淵明的「結廬在人境，
而無車馬喧；問君何能爾？心遠地自偏。」更令多少人羨慕其
「採菊東籬下」的隱逸情調！

古代的大都市遠比現代少，絕大多數人都生活在風光明
媚的鄉間，享受大自然的賜予，不像目下大家都麕集在擁擠的
市區，孩子們從小就領略不到田園之樂、欣賞不到山水之趣，
甚至還存有一種盲目的自尊，瞧不起鄉下人，殊不知鄉下人
卻得天獨厚，享盡自然美景，呼吸恬淨空氣，反而視城裡人庸
俗、銅臭、勢利、狡詐。從攝生的立場看來，城裡的人應該要
向鄉居的人學習，而且要經常到郊區鄉村去度假休憩，不要像
糞坑裡的蛆蟲那樣擠在一堆鑽營。根據學者的調查統計；世
界上人類壽命活得最長的地方，都是僻壤偏鄉，絕不在名都大
市，光憑這一點，城市裡的人就得甘拜下風，無話可說。

因此，我們可以從自然環境的差別找到一些影響健康和
壽命的因素，要想攝生保健，必須具備良好的氣候、清新的空

氣、優美的環境、秀麗的風景、粗淡的飲食、恆常的勞動、淡泊的修養，這幾樣是城市中所缺、鄉村裡所有，如何互通有無、截長補短，全看人們自己採擇了。故曰：

　　勸君莫笑鄉巴佬，鄉村要比城市好。
　　山青水秀人勤勞，清風明月伴到老。

17. 聲色中節

　　聲與色，有兩種意義；一是聲音和色澤，如話聲和臉色，另一種是指樂聲和美色。樂聲包涵悅耳、淫蕩、糜糜、嬌妖之聲；美色則含有辣妹、猛男、秀姑、俊士之色。一般人都躲不過聲色的迷惑，不是身敗名裂、財盡病纏、妻離子散、甚至國破家亡。這聲色兩者，看似平凡，一旦拿捏不準、掌控不穩，未能執中守節而陷溺沉淪，那就遑論養生保健了。

　　聲音，組成各種音樂，本來可以怡情冶性，賞心悅耳，但是人們卻改造了它的氣質，變成消磨壯志、腐心蝕骨的淫聲穢調，不是哥呀妹呀、就是愛呀恨呀，卡拉OK、廣播電視所傳出來的聲音，很多是令人消沉、迷失、惶惑的調調，竟有人還因而著迷，曠時耗錢，躲在密閉的空間裡，男男女女，又唱又舞，如果沒有把握中節，後果可想而知。真正對身心有益的聲音應該是天籟之音和天使之音。古人所謂：

> 松聲、澗聲、山禽聲、夜蟲聲、鶴聲、琴聲、棋子落聲、雨滴階聲、雪灑窗聲、煎茶聲、皆聲之至清者，而讀書聲為最。

　　一個家庭中，要常傳出笑語聲、朗讀聲、嬰兒聲、鋼琴聲，表示這一家充滿了欣欣向榮的氣象，如果傳出來的是咒罵聲、砸物聲、啼號聲、賭博聲，再加上震耳的電器聲和車輛聲，不用解說，就知道這家子的生活概況了。一個人經常處在

什麼樣的聲音氛圍中，其情緒和健康必然會受到影響與滲透，這是不言可喻的。

由於古代的家庭和社會組織是以男性為中心，所以提到聲色誤人，都把罪過推到女性身上，歷代因為聲色喪國的昏君，總是將責任歸咎為某某妖姬寵妃的淫穢蠱惑，因為那個姬妃妖嬈動人，能歌善舞，又會獻媚弄姿、甜言蜜語，所以「美色誤國」，而那位昏庸的君王反而得到風流多情的令譽，值得令人惋惜與同情，真是未盡公平，事實上這聲色是雙性的、互相激盪、磨合、吸引的，一旦出現了不良的後果，男女雙方誰也推卸不了責任。

所以從養生的立場來談聲色保持中節，並非僅對男性而言，女性照樣也會被聲色所惑而迷失方向、名節棄保、花容失色、玉體欠安，更嚴重的是女性不但要為「悅己者存」，還要「挑戰時尚」，為了自己的姿容，不惜花大錢、吃大苦、受大罪，為了瘦身保持苗條，為了隆胸凸顯曲線，為了整容割皮剔骨，為了肌膚護臉漂白，全身幾乎都要翻修改建，這是何苦來哉？說穿了，還不是為了一個「色」字，先害自己，再害別人，多少婦女為了瘦身整容幾乎喪命，可是仍然是前仆後繼，怪不得前人有言：「色聲為殺身之鴆毒，愛想是陷人之坑阱。」

兩性之間，互相吸引，這原是天經地義的事，「窈窕淑女，君子好逑。」問題就在於求到之後，如果未能妥善珍惜愛護，有悖倫常，那就違反了攝生的原則。正常夫妻的生活，性愛是一項重要的課題，它既可維持夫婦感情，又是延續人類生存的過程，更能「悅豫且康」，所以東晉時代的葛洪就在所著的《抱朴子》書中說：

> 陰陽不交，則坐致壅淤之病，故幽閉怨曠，多病而不壽
> 也。

又說：

> 若縱情恣欲，不能節宣，則伐年命。

這就是說縱使「寡人有疾」好色之徒，為了自己的健康計，也不可以催伐過度，更何況有人還喜歡尋花問柳、偷腥出牆、外遇援交、牛郎同志，繞著色欲打轉，遑顧透支罹病，「牡丹花下死，做鬼也風流。」這兩句話的確是應驗了無數的風流韻事，也造就了數不清的風流鬼。

根據報載，有研究單位調查統計，說臺灣人每年「嘿咻」的次數平均只有六十七次，恐怕未盡正確，可能那只是一部分過著正常的夫妻性生活的數目，至於另外一部分好色之徒，應該可以從警方捉到的賣春女郎每天居然接客二十餘人的驚人數字得到答案，那些男人簡直就是「愛拚才會贏」，置生死於度外、求片刻之激情，根本無視於養生保健的重要。唐代名醫孫思邈在其名著《千金要方》中說：

> 男不可無女，女不可無男，無女則意動，意動則神勞，
> 神勞則損壽。

這是指夫妻之間的正常性關係，絕不是亂搞的男女性愛。他還特別提到男士：

> 人年二十者，四日一泄；三十者，八日一泄；四十者，

十六日一泄；五十者，二十日一泄；六十者，閉精勿
泄，若體力猶壯者，一月一泄。

當然，這是原則性的養生要領，還要看各人的精神、心
情和體力狀況而定，做妻子的，也應該知道這些原則，為了另
一半的健康，必須互相配合，不該堅拒，也不要來者不拒，需
知夫妻雙方要有健康而和洽的生活，如何使聲色在養生平臺上
能夠保持平衡，是非常重要的一個環節，而這個環節是要男女
雙方都懂得珍惜維持才行。所以說：

惜氣存精還養神，省思寡欲不煩心。
聲色之娛有中節，男歡女愛莫過頻。

18. 冷熱調護

福建民間有一句諺語：「涼九溫三。」意思是每年九月前後要少穿少蓋，讓身子感到涼爽些，等到真正寒冬來臨時，已經有了適應的能力，就不會覺得太冷，而每年三月間，正好相反，白天多穿晚上多蓋，讓身子溫暖些，當日漸炎熱的溽暑來到時，就不會覺得太熱。這句諺語的主旨，無非是提醒人們在未寒乍熱之前，就必需先作準備，預期調護，對於養生保健，也是一項工程。

一年四季，春秋氣候宜人，冬夏冷熱熬人，許多人畏寒怕熱，有條件者就擇處避暑避寒，認為是一種享福，其實冷熱對人體的影響是合乎自然的，夏天熱得出汗、冬天冷得哆嗦，是新陳代謝與免疫能力的鍛練，就與許多植物一樣，要有「一番寒澈骨」，才有「梅花撲鼻香」；如無「夏日薰風烘」，那來「荔枝萬點紅」？問題是人們應該要有適應的能力、調節的方法、心身的承受、養生的觀念才行。譬如赤道附近的非洲人民，和北極冰域中的愛斯基摩爾民族，他們倘無抗熱禦寒的能力，怎能存活下去？

由於近代生活文明進步，熱了開冷器空調，冷了有暖器保溫，終日躲在房間裡面，夏天不出汗、冬季不知寒，久而久之，身體上的天生防禦系統和免疫功能，逐漸失去作用，或是無法適應，那麼，稍遇氣溫變化，就會引發各種病痛，毫無招架之力。

明代學者李笠翁在其《閒情偶寄》中有一段描寫卻暑避

寒的方法，頗饒趣味：

> 譬如夏日苦炎，明知為室廬卑小所致，偏向驕陽之下來
> 往片時，然後步入室中，則覺暑氣漸消，不似先前酷
> 烈，若畏其湫隘而投寬處納涼，及至歸來，炎熱又加十
> 倍矣。冬日苦冷，明知為牆垣單薄所致，故向風雪中
> 行走一次，然後歸廬返舍，則覺寒威頓減，不復凜冽如
> 初。

這也就是磨練身體的調適感覺，產生一種比較的作用，
猶如諺語「涼九溫三」的道理一樣，要看人們採取什麼樣的心
態去和大自然妥協。

人們在感覺上對冷熱的認知是一回事，而冷熱對人們身
體健康與否的影響又是另外一回事，不錯，寒暑兩季是鍛練體
格的機會，可是也可能是侵害健康、引進病源的時節，年輕人
不知道厲害，往往未予注意防護，或是全賴空調，若干寒濕、
燥熱的病症就在不知不覺中侵入肉體，累積起來，等到以後結
算總帳；年長的人在寒暑交替中稍有閃失，立即就會嘗到病痛
的苦頭，所以是必須謹慎調護的。

古人雖然沒有電扇冷氣散熱，但是所居住的環境房舍卻
比現代都市中的水泥森林要涼爽得多，而且四周多有樹木溪
澗，清風徐來，吹散不少暑意，朱熹有一首〈夏日〉詩最能描
述前賢對酷暑的感受：

> 端居倦時暑，竟日掩柴門。窗風遠飆至，竹樹清音繁。
> 靜有圖史樂，寂無車馬喧。茲焉愜所尚，難與世人論。

　　可惜今人很難享受到那種「愜意」，走到那裡都是熱浪淘淘、車聲隆隆，唯有自求多福，預防中暑，更要留意夏季的傳染病媒、流行時疫，多喝水、少曝日、節欲念、疏情緒，也不要日夜躲在冷氣房中貪涼，不但會因而失去抵抗力、而且還會罹患冷氣病。尤其是切忌酷熱中驟飲冰水或突然進入低溫的冷氣室中，會使身體一時無法適應而爆發病痛。

　　至於隆冬的腳步來臨之際，天氣驟涼，或是乍冷還暖，寒溫不定，對人體的威脅也很大，原來就患有高血壓、高血脂肪、糖尿病、哮喘病、心臟病等等慢性病的患者，就得加倍格外注意調護了。根據醫師的分析，在冷天裡，不但是患有以上那些慢性病的人要特別小心，而那些愛抽煙、嗜喝酒、好檳榔等族群，也要提防腦中風、心臟衰竭的機率，因為氣溫不穩定，白天溫度雖高，早晚和夜間偏低，這種忽冷忽熱、乍暖還寒的天候變化，最易助長病魔的威力，對人身發動偷襲猛攻，防不勝防，那怕是一場傷風感冒，也可能引爆非常嚴重的大病來。

　　從養生的立場來看，夏冬兩季不僅是要對冷熱採取正確的防範調護，而且還要看各人的情況，在生活上做些適宜的活動，藉以調適身心，我們來看古人在條件很差的生活中如何度過熱天和隆冬，有詞為證：

　　夏熱難當，推啟書窗。晝引清風入，夜招明月光。
　　一握蒲團境寂靜，滿盤棋局又倉忙。

　　這是說夏天，至於冬天，則是：

　　冬日嚴威，寒逼重幃。推窗觀積雪，吹管識飛灰。

披裘獨擁紅爐坐，把盞還邀明月來。

現代的人，活動力要比從前豐富多了，不過，還是要：

熱浪來襲心宜靜，寒流壓境先預警。
忽冷忽熱擺得平，一年四季少生病。

19. 肥瘦折中

　　一個人的肥或瘦，跟身體的健康與否，是大有關聯的。

　　所謂肥瘦，有兩種判斷的方法，其一是依據醫學的分析，以體重與身高的比例求得一項公約數，超過標準體重的就是過肥、不足的就是太瘦；其二是根據人們心目中的一項評比準則，感覺到太胖就是肥了，反之，就是瘦了。要做到「增一兩則太肥，減一兩則太瘦」，不瘦也不肥，恰到好處，那要完全憑藉人們的主觀感覺，各有所好，時尚所趨，沒有絕對的尺碼。

　　漢成帝寵幸嬌弱瘦小、身輕似燕的趙飛燕，於是漢代的女子都瘦身保持苗條；唐明皇嬖愛嫵媚豐滿、凝脂勝雪的楊玉環，於是唐代的女子都養肥保持豪放，時至今日，不曉得是那一位首創，又主張嬌瘦，保持曲線玲瓏、清秀高姚，害得婦女們為了瘦身減肥，也不知道花了多少大頭錢、吃了多少冤枉苦。

　　所謂肥瘦，只是在一具臭皮囊中裝了多少肌肉脂肪的差異，油脂太多則肥、太少則瘦。肥的就像「豬」、瘦的就像「猴」，似乎都不怎麼體面，譬如形容一個人「肥頭大耳」、「肥臀大腹」、「肥頭大面」、「腦滿腸肥」等等，顯然並不好聽，甚至還有一句不雅的成語；「又胖又白，扯去陪客。」在以往，一般人總誤認為肥頭大耳、滿臉紅光，而且要大腹便便、臀如磨磐，才是富賈巨紳的模樣，還說「十個胖子九個富，就怕胖子沒屁股。」如果屁股不夠大，光是肚子大還是

不夠福態，所以還有人要「打腫臉充胖子」。以現在的眼光來看，那真是大錯特錯。

至於肌肉不夠豐沃的人，被叫做瘦子。其實瘦子並不討人喜歡，我們看有關瘦字的成語：「瘦骨窮酸」、「瘦骨嶙峋」、「瘦頭瘦腦」、「骨瘦如柴」、「瘦軀如鶴」等等，好像都不怎麼好聽，甚至還說：「官不怕你窮，鬼不嫌你瘦。」這有多難聽！如果身上沒有肉感，瘦得只剩皮包骨，那的確令人望之生畏，會以為是末期肺癆，退避三舍，所以人也不宜太瘦，尤其是在嬰兒童年時期，白白胖胖的，才會人見人愛，到了青壯盛年，也應該有些肌肉，不能太「骨感」，有些時尚少女，刻意削肉求瘦，服藥減肥，結果是弄得顏容憔悴、弱不禁風，反而失去了女性天生的麗質豐姿，弄巧成拙，不妍反媸，令人扼腕。不過，上了年齡的老者，倒是不妨清瘦矍鑠，稱為「仙風道骨」，「鶴壽松年」，看上去婉似古松臨風、玉山穿雲，令人敬而愛之。

站在養生的平臺上來看肥瘦，都不是好現象，假如光顧到外貌體態的美醜，而忽略了健康，那是虛榮與矯情的心理在作祟，所謂「人上一百，形形色色」，怎麼可能每人都像一個餅模裡倒出來的糕餅？身材的高矮肥瘦，基因的遺傳和後天的生活都有決定性的關係，有人光喝開水都會發胖；也有人猛吃大肉都胖不起來，醫學上說那是腸胃吸收的功能問題，其實，只要適中，不太過分，用不著刻意計較。太瘦的人，在外觀上會予人一種不健康的印象，會被懷疑患有某些傳染病，不敢接近：而對自己也會覺得輕飄飄的、虛怯怯的，沒有分量感，這種人必須澈底做個體檢，查出底細，如果消化系統、肝功能和內分泌、癌細胞指數都沒有問題，再想想自己上兩代的親人有無瘦子，就可以放心，只要平常多注意營養與睡眠，保持旺盛

的精神，即便胖不起來，照樣是一條瘦龍。

　　至於過胖的人，外觀的俊醜尚在其次，主要的是胖肥會帶來許多麻煩，譬如體重超過身高的標準十公斤，就等於整天背負了一個十公斤重的包袱，那有多累啊！況且多餘的贅肉脂肪會頻添好多疾病：高血壓、心臟病、糖尿病、氣喘病、尿酸高……臺北馬偕醫院家醫科根據一〇二七名員工從1993至2003年的體檢資料做分析，凡是增加五公斤體重比沒有增加的人罹患糖尿病和高血壓的機會分別是三倍和二‧一倍，若是超重八公斤，則是十一‧四倍和三‧五倍，更為駭人。

　　肥胖的確有礙養生，所以應該減肥，並非為了美，但是減肥絕對不是全靠藥物，德國波茲坦大學營養學教授克勞斯指出：大多數的飲食減肥法都是弊多於利，譬如吃減肥藥會傷胃、脂肪太少會使膽囊受損、少量多餐以及不吃早晚餐，在科學上無法證實其減肥有效，通常早晚不吃而中午猛吃，效果反而適得其反；不吃碳水化合物，會讓人沒有飽足感，也會導致吃下比原先所需要的更多食物。最後，他結論說：肥胖是因為吃得太多，而運動太少，故減肥的不二法門是「少吃多動、營養均衡。」這兩句話也是養生平臺上肥瘦折中的基本要求。故曰：

　　　燕瘦環肥皆佳麗，仙風道骨更神氣；
　　　少吃多動最要緊，營養均衡應牢記。

20. 美醜生成

　　美與醜，跟養生有什麼關係呢？有，而且還相當密切。

　　一個人的長相體態，各有優劣妍媸，那是上一代遺傳的基因和後天的外在因素所造成，它會影響人們的性格、情緒、心理、言行和前途展望、意識形態及人際關係，因而也和養生保健離不開互為因果的作用。

　　其實，美或醜只是人們主觀判斷的價值，沒有一定的標準，比如有些地方以頸長為美，因而用銅圈套住脖子使其伸長；有些地方以皮膚呈古銅色為美，因而要脫光身子讓烈陽曝晒；古代以纏成三寸金蓮的小腳為美；如今以穿上三吋高跟的鞋子為美，說穿了人體不過都是一具「臭皮囊」，只是表皮上所呈現的凹凸形狀略有差異而已。《後漢書·霍諝傳》說得好：

> 人心不同，譬如其面，斯蓋大小窳隆醜美之形，至於鼻目眾竅毛髮之狀，未有不然者也。

　　因而在某一個時空裡，人們約定俗成，民初的婦女以胸部平坦丹鳳眼為美、現在卻以大波霸雙眼皮為美。當人們被這些變動不居的美醜價值觀判定了等級之後，似乎就影響了一輩子的命運。

　　當然，俊男美女走到那裡，都會受到青睞，於是必然神采飛揚、心暢氣爽；醜女陋男居家外出，都難邀人喜悅，於是

難免自慚形穢、悒悶寡歡。這種現象，就與養生問題綑綁在一起了，如果稍有偏差，就會產生終生的遺憾。舉例來說：古來有醜女無鹽和孟光、嫫母與仳催，容貌奇醜，可是她們非常賢慧、樂觀、安貧、奮發，不但輔助丈夫功成名就，也為自己奠定了賢名，雖醜卻留芳千古，還享受了人生、壽登耄耋。另外，還有兩個俊男潘岳與衛玠，雖然長得英俊瀟洒，可是下場卻都很慘。《世說新語》載：

> 潘岳妙有姿容，好神情；少時，挾彈出洛陽道，婦人遇者，莫不連手共縈之。左太沖絕醜，亦復效岳遊遨，於是群嫗齊共亂唾之，委頓而返。

又《語林》亦載云：

> 潘岳至美，每行，老嫗以果擲之，滿車。張孟陽至醜，每行，小兒以瓦石投之，亦滿車。

那潘岳自然是趾高氣揚、眉飛色舞，而且還有吃不完的水果；至於左太沖和張孟陽因為長得太醜，必然是受盡了窩囊氣，心情怎麼會好？另外，《世說新語》還載：

> 衛玠從豫章下都，人久聞其名，觀者如牆。

現代當選環球小姐先生，不是也到處受到人潮圍觀麼？只可惜容貌長得太漂亮的人，如果太自負、驕縱、桀傲，忽視了養生觀念，無論男女，結果必定都很糟，試看潘岳；史載他因貌美而「性輕躁、趨勢利」，以致在盛年就被善妒的孫秀所

殺；而衛玠則因乏於調攝保健，盡日陶醉在掌聲之中，只活到二十七歲，就因羸病而亡，當時流傳說是群眾「看殺衛玠」。

可見容貌的美醜，並不是決定人生幸福與壽命的因素，甚至還有相反的結果，常言道：「紅顏多薄命」、「美女嫁醜夫」、「巧婦常伴拙夫眠」，就是現實的寫照。你說那是命嗎？可能是也可能不是，因為長得漂亮的女人，往往以姿色自豪，全心全力著重於裝扮化妝、瘦身美容方面，跟時尚賽跑、向美色挑戰、受旁人揄揚、迎愛慕眼光，覺得飄飄然、暈暈然，難免就會恃寵而驕、因驕而躁，更糟糕的是人們愛美的欲望是沒有止境的，美了還要更美，於是不惜巨資、甘冒危險，去動手術、做矯正、服藥物、信偏方，把一具好好的身軀，摧殘糟塌得「面目全非」，等到上了年紀，各項後遺症——浮現，難以收拾，正如潘岳和衛玠的行為和性格，遂註定了他們悲劇的命運。

在芸芸眾生之中，所謂美與醜，只佔極少數，其餘絕大多數均屬貌不驚人的平平之輩，況且容貌各異，只是每個人的標籤識別，用不著去過度計較，心身的健康要比外貌的美醜重要太多；天生的姿容可比刻意的雕飾要可愛得多。《三國志‧吳書》云：

> 極粉黛、享盛服未必無醜婦；廢華采、去文繡未必無美人。

這兩句肯定了自然就是美麗的概念，有人即使長得不美不俊，只要他的修養很好、能力很強、學識豐富、身體健壯，照樣可以成事立業、貢獻社會，請看古今中外成大功、立大業的領袖人物，有幾位是俊若潘安、貌似西子的美人胚子？

　　所以站在養生平臺上來看人們的容止，是不分美醜但論康贏的，豐姿豔色非但無助於健壯，可能反而有損；醜容陋態只要堅持雅操，保持心身健全，樂觀進取，對人生規劃就不會有絲毫影響。因為我們的身體髮膚，均來自父母的遺傳，既然生成這種模樣，命中已定，無怨無悔，何不順其自然，朝內心的修持、品性的涵養、體格的鍛練方面去努力，以彌補外表的缺憾呢？故曰：

　　花容月貌何處找，醜模怪樣畢竟少。
　　父母遺傳命中定，無怨無悔活到老。

21. 黑白何妨

「一白遮九醜」，這是常聽到的一句俗語，可是還有一句「皮黑未必醜」，卻常被人們遺漏掉。

誠然，皮膚白皙，白裡透紅，再配上端正的五官，不用說就是一個俊人兒，所以對黃色人種來說，能夠黃裡泛白，雖然比不上白種人，卻也白嫩細皙得多，看起來自然也就漂亮多了，難怪時下絕大多數的男女，都在千方百計地美白，不惜成本、不計代價，用外敷、內服、面膜、打脈衝光，想法子把一張臉龐漂得越白越好，好像只要皮膚白了，就成了俊男美女，尤其是女性，更注重容貌白嫩，只要留意一下商店裡那些數不清的美白化妝品、以及各項傳播媒體上不停登載的美白廣告，就知道這項時尚生活是多麼突顯。

希望臉上又白又嫩、雙腮粉紅、吹彈欲破，這是女性夢寐以求的膚色，所以自古以來，愛美的人都要在臉上擦粉抹脂，所謂「雪面、粉腮」、「美如玉、色勝花」。甚至古代男士，也有在臉上敷粉的習俗，《世說新語》中就有一段記載三國時代何晏的故事：

> 何平叔美姿儀，面至白，魏文帝疑其傅粉；正夏月，與熱湯餅，既噉，大汗出，以朱衣自拭，色轉皎然。

另外還有一位晉人杜弘治，也因皮膚白嫩而被譽為清標俊逸之士，《世說新語》載：

> 王右軍見杜弘治，嘆曰：面如凝脂，眼如點漆，此神仙
> 中人。

　　因此古來就流傳兩句成語云；「傅粉何郎、凝脂杜
義」。凡是肌膚姣好的人，不用擦粉，自然白嫩，喝一點酒或
是遇熱與羞急，臉色就會白裡透紅，越擦汗越嫩白紅潤，其
逸秀美俏的模樣，就益發令人可愛，是故自古以來，就有「白
面書生」或「白面書郎」的稱呼。杜甫有詩：「憶予初尉永嘉
去，紅顏白面風清冷。」白居易也有詩句云：「昔為白面書郎
去，今作蒼頭贊善來。」就是含有讚譽與嚮往的意味。

　　不過，人們對於臉皮白皙的男士，也有負面的評鑑，譬
如說「小白臉」，就帶有一些輕蔑、調侃的味道，還有「白
面郎」，是指一些年輕見識少、沒有處世經驗的小伙子，杜甫
〈少年行〉詩云：「馬上誰家白面郎，臨階下馬坐人床。」
就是指未涉世故的少年郎，不懂得分寸禮數；另外還有「臉色
蒼白」是形容受驚害怕或是營養不良的人，也有因為罹患病疴
或大病初癒，也會「臉色發白」。如果臉色總是泛白而毫無血
色，反而予人一種不健康的感覺。而事實上，一般所謂「臉色
不好看」或「氣色欠佳」，的確並非好事，而且也會增加心理
上的壓力。曾經流傳一則這樣的新聞：

> 某公司同仁對其主管不滿意，存心聯合起來修理他，每
> 早一見面，同仁們異口同聲地關懷主管的氣色；「你的
> 面色怎麼發白？」「面色蒼白啊！你感覺到那裡不舒服
> 嗎？」一連好幾天，見了面都這樣認真地問他，兩星期
> 後，那位主管真的病倒住院去了。

　　勿以為這是一則笑話，心理的壓力和疑慮，真的會使一個健康的人變為一個病人。

　　憑良心說，肌膚白皙當然要比烏黑來得好看，同樣一個小孩，白白胖胖的肯定要比黑黑瘦瘦的逗人喜愛，長大成人之後，當然也是肌膚白嫩的人佔便宜，所以《戰國策》中就說過：「形容枯槁，面目黧黑，狀有愧色。」凡是容貌肌膚不如人意者，自己會覺得「自慚形穢，狀有愧色」，這就影響到生活的情緒和心情，對養生保健來說，是一大挫折，不得不加以注意。

　　肌膚的黑與白，來自遺傳的因素居多，父母白皙者，子女不會黑；反之，黑皮膚的父母，子女如果不黑，那是特別的異類，值得暗喜。有人說當婦女懷孕時，經常吃白菜、喝牛乳、服珍珠粉，可使胎兒的肌膚變白，姑妄聽之。但是等到發育成人之後，想要漂白，談何容易？而且還容易破財受罪，弄巧成拙，有害健康，因為很多換膚美白的化妝品當中，含有很可怕的化學成分，如「對苯二酚」等等，會使臉孔發癢長水疱，黑色素會沉澱在皮下，臉色不但不白，反而更黑，好多女性都吃過這種虧。所以醫師們一再提出警告：勿信藥物漂白，唯有「清潔、防晒、保濕」才是維護面膚的不二法門。我們既屬黃色人種，自然是保持本色，何必漂白易色？雖然說「一白遮九醜」，可別忘了還有一句「皮黑未必醜」，請看人家黑色人種，比我們烏黑幾十倍，可曾聽過有黑人花錢去漂白的事嗎？何況為了這具臭皮囊的外表，而大費精神、破財找罪受，是太不符合養生要領的。故云：

　　凝脂勝雪不容易，肌膚稍黑毋自棄。
　　身心健康最重要，皮囊何必太在意？

22. 取捨之間

　　人性天生是自私的、貪婪的，所以對於名器、財貨、利益、欲望的取捨，往往都是取長捨短、取大捨小、取重捨輕、取貴捨賤、取多捨少、取美捨醜，這些現象，原也是人之常情，無可厚非，問題就出現在取得的方法與質量各有差異，導致取得之後會產生多樣化的結果，妨礙養生，所以就值得探討一番了。

　　「取」，是拿到身外之物，含有主動的意思，那些東西原本應該是歸屬於你，叫做合法取得，否則，就叫非法取得。如果採取不正當、不合法、不公平的手段，則稱為劫取、奪取、強取、巧取、詐取、竊取、偷取、爭取等等，將不屬於己者取來據為己有，從小偷盜鉤到奸雄竊國，都可曰取。當面對可取之名器而不取，或將已拿到手的財貨予以放棄、讓給旁人，應稱之為「捨」，是帶有若干被動的意思，比如捨得、捨棄、捨己以及不捨、難捨、割捨，這些行為，必須配合心理作用和智慧抉擇，所以比較複雜，是故世人大多汲汲於取而忽忽於捨，使取捨之間失去平臺，頻添無數社會問題。

　　「取得」與「捨得」這兩句是具有同等的涵義；要取，始有得，你不去取，天上不會自動掉下禮物來，同樣地，要捨，才有得，你不肯捨，天下很少有意外的收穫和福報。所以「取得」必須付出代價，而「捨得」遲早會有回饋。取得越多，付出的代價就越大，如果兩者不能等值，那就有巧取或蝕本的現象產生；捨得越大，可能的回饋就越多，但是有許多回

饋不是立即反應、也很難用量化去估計，往往會幻化於無形的時空之中，這是兩者唯一的區別。

如何取？該不該取？取多少？這是人生一大學問；而如何捨？該不該捨？捨多少？這更是人們一大智慧。能取能捨是上人；能取不能捨是俗人；不能取而能捨是庸人；不能取也不能捨是呆人；上人和呆人少，俗人與庸人多。阿拉伯有一則寓言：

> 兩個探險家深入沙漠去找金礦，跋涉多日，筋疲力竭，終於發現寶藏，遍地金塊，大喜過望，彼此用皮袋裝滿重甸甸的黃金，某甲實在捨不得那一塊塊亮晶晶的金子，顧不了肩荷的能力，甚至把裝水的袋囊也用來裝填金塊，某乙卻不然，他只量力而取，衡量自己的體力，保留皮囊中的飲水，寧可捨棄腳下纍纍的金塊，某甲還暗笑他是個笨蛋。在回程途中，某甲被過重的金塊壓得走不動，某乙卻照常前進，兩天後，回頭已經看不見某甲的身影，原來他已癱臥在沙漠上，袋囊中少量的水也喝乾了，渴累難當，滿袋金塊，竟成了埋葬他的石頭。

這則寓言點出了取捨之間的拿捏分寸，也就是上人與俗人的分界。《寒山詩集》中有一首詩寫得很類似：

> 愚夫做家業，念念子孫承。取利必高等，收租加大升。
> 廩盈愁絕食，箱滿嘆無綾。勞碌為牛馬，屍床弔臭蠅。

可惜一般庸夫俗子，誰會懂得箇中哲理？
事實上，大自然界已經給我們太多恩惠、太多給養了，

可嘆的是人類貪得無厭、予取予求，挖地球的心臟、抽地球的油脂、毀地球的容貌、炸地球的軀殼，不斷地搾取，還不知足，不肯捨棄，在人與人之間也是汝虞我詐，巧取豪奪，相信在預見的未來，必將付出慘重的代價。當年張獻忠入川豎立七殺碑：

天生萬物以養民，人無一德以報天，殺殺殺殺殺殺殺！

不能不說毫無道理。

的確，我們應該要有所取有所不取、有所捨有所不捨，否則，又與猴子何異？農家之所以痛恨獼猴，乃因為牠不知取捨，摘了這粒果子又去摘另一粒，其實牠每次只吃幾粒就夠飽了，卻把整株樹上的果子都摘下來，掉了滿地。我們到飯館去吃自助餐，就是考驗取捨功夫的最佳機會，有人懂得節制，縱然各色菜餚都極可口，但是仍應有所取也有所捨，總不能每樣菜色都取，怎麼吃得完？然而就是有人像猴子摘蘋果，取了許多，卻心貪胃淺，剩下滿盤的殘餚佳饌，暴殄天物。即便是很會取捨的食客，往往也是逾量取食，吃得腹鼓胃脹，營養過剩而且消化不良，對健康產生很大的破壞力。

所謂碧波萬頃，僅取一勺。在人世間屢見縱欲、酗酒、暴利、奪權、惡鬥、搶劫等等現象，多因取捨失衡。而個人養生，更受取捨平臺的操控，對於飲食的取捨、名器的取捨、財物的取捨、欲望的取捨、親誼的取捨、理念的取捨種種，要有明智而決斷的辨別和行動，我們雖然做不到像釋迦牟尼那樣捨棄王子之尊而出家成佛，但是也該為了自己的健康、家庭的幸福而決定平常生活作息中的取捨準則，請記住：取多失也多、要捨才有得；喫多嚼不爛、財多睡不安。故曰：

捨短取長是常情，得隴望蜀太貪心。
取而不捨守財奴，能取能捨乃上人。

23. 高矮無礙

　　時下大多數青年男女，都很注重自己的身材高度，看看那些男女名模，幾乎都是高䠷瘦長，曲線玲瓏，男的身高都在一八〇公分上下，女的至少也要在一七〇公分左右，對中國人來說，的確有點為難。

　　說真格的，太高的女郎，大多都是長腿蠻腰長脖子，腿長而瘦，則似枯枝雞爪；腰長而細，則如蟒蛇螳螂，如果沒有玉峰堅挺、圓臀微翹、五官清秀、舉止綽約，整個人就像電線杆，也沒有什麼好看。太高的男人，也靠長腿細腰撐起場面，再配上面目清秀、肌肉發達，言行得體，溫和可親，才算得上是個俊男。如果自己缺少運動鍛鍊，往往會駝背彎腰，反應遲鈍，傻里傻氣，四肢發達，頭腦簡單，所以很多「大個子」、「大塊頭」、「傻大姐」的稱號，就會附加在身材高大的男女身上。據柴萼著的《梵天廬叢錄》中戴：

> 北史杜弼與邢劭共論名理，謂燭則因質生光，質大光亦大，人則神不係形，形小神不小，故仲尼之智，必不短於長狄；孟德之雄，乃遠奇於崔季珪，是則偉碩者固多愚矣。

　　接著，叢錄中列舉了八則巨人的事蹟，幾乎都是又笨又蠢、生活困頓，飢餓而終，像當年裝甲兵司令部有一位掌旗官張英武，塊頭偉碩，食量驚人，但是他反應不靈活，頭腦簡

單，最後也是困頓抱病而終，令人扼腕。

至於身材矮小的人，當然要吃很多虧，在人群中一站，立刻暴露了自己的缺點。從前在野外看歌仔戲，矮個子總被前頭的高個子擋住了，根本看不見舞臺上在演什麼，於是伸手戳一戳前面的人說：「你擋住了我的視線，我看不到。」前面的人回首俯視著他說：「請看我笑了，你也跟著笑好了，不是更省事？」所以民間有一句歇後語說：「矮子看戲──跟著前面的人笑。」不過，身材的高度，並不一定與事業學問與智慧道德成正比，法國的拿破崙大帝，身材就很矮小；三國時魏國的梟雄曹操，也是姿貌短小，《世說新語》載：

> 魏武將見匈奴使，自以形陋，不足雄遠國，使崔季珪代，帝自捉刀立床頭。既畢，令間諜問曰：魏王何如？匈奴使答曰：魏王雅望非常；然床頭捉刀人，此乃英雄也。魏武聞之，追殺此使。

可見個子魁梧還不如身材短小而神明英發的人，事實上只要胸懷大志，縱然姿儀短小，並無礙英雄本色，何況形容一個人「精明強悍」、「短小精悍」、「人矮志大」、「矮人點子多」等成語，都足證身材短小，必有其過人之處，毋須妄自菲薄，更不必自慚形穢。

其實現代人的身高差不多都在平均值範圍之內，特高和特矮的僅佔少數。真正的高人，古代《河圖玉版》中記載：

> 崑崙以北九萬里，有龍伯國人，長三十丈。

另外《前秦錄》載：

有申香者，身長一丈八尺，食飯一石、肉三十斤，腹大能容。

這些記載，很難考證，正史上提到的高個子，而且還頗有作為的人物如賈逵、張蒼、王商、朱雲等，都是代表人物，其餘絕大多數的高人，都非常落魄，主要的原因，是因為身材高大，不能合群，而且四肢發達、頭腦簡單，顯得呆痴愚笨，加以食量奇大，謀職困難，就像史前的大恐龍一樣，餓死凍死的居多。而真正的矮人，據《史記‧孔子世家》載：

僬僥氏三尺，短之至也。

僬僥是西南蠻族的別名，《後漢書》記載安帝與章帝時，「均有僬僥進貢內屬」的記錄。《國語‧魯語下》云：

僬僥氏，長三尺，短之至也。

此外，《後漢書‧東夷傳》還載：

自女王國南四千里，至侏儒國，人長三四尺。

所以後人都以「僬僥」或「侏儒」形容矮子。又據《舊唐書‧陽城傳》載：

道州土地產民多矮，每年常配鄉戶，竟以其男號為矮奴。

　　而日本北海道及庫頁島南部，有一個蝦夷族，也稱為矮奴（aino）。事實上這些矮人國，差不多均已混血同化而絕種，只有極少數由於基因突變而出現稀有的異類，我們看學校或軍中，青年們編班按高低順序排列，排頭的高個子和排尾的矮小子，只佔少數，大部份都是中等身材，男的不低於一五五公分、女的不低於一四五公分，都不能算是矮人，但是為了追求時尚，當然是越高越好，所謂秀偉、魁梧、森挺、堂皇這些形容詞多麼動人！

　　不論身高身矮，在養生平臺上，都必須善自調適；高者最易駝背、得心臟病、高血壓、骨折及腰椎痠痛；矮個子則易患中風、血壓、糖尿、氣喘等呼吸系統毛病，都得格外防範。更重要的是心理上的維健，高個子常有踞傲、簡忽、懶惰、粗暴的表現；矮個子則常有自卑、焦躁、嫉妒、陰狠、敏感等現象，兩者都會發生一種自卑反射式的驕傲，極易損及身心的健全。須知高矮乃是遺傳基因與後天的飲食、運動所形成，高的不能削骨求短，矮者也不可能接骨延長，毋須被那些增高機、長高藥騙去錢財還帶來痛苦，因為高有高的缺憾、矮有矮的長處，何必為了身材尺寸耿耿於懷，遮蔽了璀璨人生的光芒？故曰：

　　　　大個切忌耍狗熊，短小精悍稱梟雄。
　　　　天生我材必有用，不必煩惱不必怨。

24. 老少不定

「老少不定」是一句佛家語，說明人生的壽命長短不定，不能自主。《觀心略要集》云：

世人之愚也，於老少不定之境，成千秋萬歲之執。

這跟「人生不滿百，常懷千歲憂」的意思相似。所謂「黃泉路上無老少」，年輕人不要討厭老年人嘮叨邋邊、執著頑固，因為並非每一個年輕人都能活到老年；老年人也不要妒忌少年人青春洋溢、意氣風發，因為每個老年人自己都曾經年輕過，問題是當您年輕或年邁時，是否把握住該一時空的機會、抓住那一閃而逝的最佳因緣、充分發揮人生歷程中的光環。

在養生的平臺上，老與少的分量是等值的，如天秤的兩端，有多重的少年，就有多重的老年，換言之，老年的基礎是建築在少年之時，如果少時不珍重，老大必然多病痛。許多陳年痼疾、老病纏身，其肇因大多源自年輕時的荒唐胡鬧、招病惹魔，一點一滴地累積堆砌而來，當血氣方剛、朝陽初升，正是睥睨人生、叱咤風雲的年紀，以為自己是銅筋鐵骨，那管得了什麼養生保健、修身養性？等到寒暑數易，歲月不居，人生的晚秋降臨時節，任憑您有多大的事業、財富，甚至位居要津、權傾天下，年輕時所簽下的那些賬單，就會由醫院裡的大夫幫您開列出來，算也算不清。

　　上一代的年輕人，生逢亂世，挨餓受凍，但求三餐果腹，遑論營養攝生，以致年老時沉痾湧現，體弱多病，即便悉心珍重、刻意鍛鍊，仍然是事倍功半、力不從心。可是時下的年輕人，生活在安定優渥的環境中，父母視如拱璧，原應好好打下健康的基石，邁向美滿的人生，詎料有些慘綠少年、時代驕子卻自以為看透人生，必須及時享樂，或一時好奇，不加思索，竟惘然參加各項激情、亢奮、麻醉、刺激、迷幻、盲動、瘋狂的活動，「只要我喜歡，有什麼不可以？」過著「我倆只有今天」的生活，殊不知激情過後，還有漫長的、殘酷的明天在等待著，那才是「致命的人生」。所以年輕時的任性、奢華、放蕩、縱欲、酗酒、吸菸、染毒、暴戾、打鬥、過勞、異行、怪癖等等惡習，都會留下無數伏筆，甚至尚等不及到秋後算總賬，就立即兌現，是故乃有「棺材不僅睡老人」的俗語。

　　根據聯合國的研究報告；到西元2300年時，人類的平均壽命預估約為九十五歲，屆時滿街人瑞趴趴走，耄耋的定義必須重新界定，壯年與中年的年距勢須延長。但是，人生終歸仍然會老，而且更需要有健康的少年期，如果人們在年少時自暴自棄、自我摧殘、自我作踐、自我墮落，不要說活到老年，恐怕盛年都過不了。當年白居易面對一群少年吟了一首詩；

　　顧我長年頭似雪，饒君壯歲氣如雲。
　　朱顏今日誰欺我，白髮他時不放君。

　　這首詩由四句對仗構成，不僅字字工整，而且立意敦厚，由這首詩聯想到他的另一首〈詠老贈夢得〉云：

　　與君俱老也，自問老何如？眼澀夜先臥，頭慵朝未梳。

有時扶杖出，盡日閉門居。懶照新磨鏡，休看小字書。
情于故人重，跡共少年疏。唯是閒談興，相逢尚有餘。

詩中把老年人的心境和情狀刻劃得入木三分，尤其是老年人讀了必然深有同感，讚賞真是好詩。

時代在進步，觀念也在修正，在以往，人們臨老時無不寄望於子女的回饋孝順，「養兒防老」好像是一份保險單，所以一定要生男育女，就怕老時鰥寡無依，晚景悽涼，時至今日，保險單已經失效，子女越多，老人越孤單；期望越高，失落感越強，多少老人被棄置在老人安養院裡、被遺留在孤伶伶的老家、被拋棄在無人聞問的他鄉，如果老人還有一些存款家產，那更得妥慎保管運用，免得頻添意外的麻煩，因為現在已經進入「養老防兒」的時代。所以現代的老人養生之道，除了要從生活、起居、作息、運動、情緒、娛樂等方面善自調養之外，還要對人倫觀念和心理調適雙管齊下，訓練自己成為一個現代化的老人，順應時代潮流，排除傳統的老年生活方式，不依賴、不期望、不等待、不私親，與老伴相依為命，自求多福、自由自在、自得其樂、自我陶醉、自力更生、自強不息，一切都靠自己，才是老年人最可憑恃的依托。

萬一老伴先走一步，奉勸寧缺毋濫，如果貪鮮愛嫩，偷學少年，那無異自掘墳墓，提前駕返道山，好多現成的實例，悲慘的下場，值得自我警惕。寒山子有一首詩寫得明白：

老翁娶少婦，髮白婦不耐。老婆嫁少夫，面黃夫不愛。
老翁娶老婆，一一無棄背。少婦嫁少夫，兩兩相憐態。

這就是老人與少年的分野，少年有少年的天下，老人有

老人的世界。正是：

少年焉知人世艱，激情衝動氣如山。
霓虹閃爍光猶在，眼花頭禿兩鬢斑。

25. 男女並重

　　有了男女、雌雄、陰陽、正負，才構成宇宙萬象、大千世界。

　　男人與女人，如同飛鳥的雙翼、機車的兩輪、剪刀的兩片、人類的雙足，缺一不可，同等重要，縱使在質能方面各有所長，但是在量能上卻毫無差別，所以「不重生男重生女」或是「只求弄璋不弄瓦」，都是違悖自然的錯誤觀念。

　　不錯，男女之間，在體質上、性格上、思想上、行為上、器度上多少有些差別，很容易辨別出來，所以女扮男裝、或是男扮女裝，即便瞞得過一時，卻瞞不過長期，最主要的原因除了兩性生理外貌的不同、還有舉止氣質的迥異，常言道：「女為悅己者容。」另有一句「男為顯己者存。」女人著重美化自己，是為了讓別人喜歡而生活；男人著重壓低別人，是為了凸顯自己要別人尊重而生存。由於有了這樣的分歧，遂使男女的成長曲線，形成分叉的圖式。

　　有人統計：女人花費在化妝美容照鏡子的時間，要耗去一生壽命的四分之一，大眾傳媒上的化妝美容廣告，幾乎觸目可見，就不難想像。更特別的是女人之間會為了競美誇麗而暗生妒嫉、憤怒、悲傷、自卑與狂傲的心理，導致情緒失控、生活失常、舉止失態，甚至不顧生命安危，斥下鉅資去整容美體、隆胸減肥，渴望獲得外表的美麗。這一點，男人就沒有那樣強烈的訴求與敏感。

　　男人的特質，可以從雄獅與公猴的舉動看出端倪，天生

有一種霸氣、炫耀、佔領、爭鬥、粗暴、野性的表現，為了要遂行這些特質，男性必須在人際間力爭上游、顯現才能、爭權奪利、沽名釣譽，才可以出人頭地。所以男人一生中幾乎將大部分的時間、精力、金錢和求知都投注在女人和事業上面。

　　男女的確是有特質上的差異，但是又不能分道揚鑣，必須相配成雙，否則，孤陰不生、獨陽不長，猶如剪刀的兩片，必須有一顆螺絲釘從中連結起來，作為支撐和固定的著力點，那就是「情」與「愛」的融合體，如果有異類介入兩片剪刀之間，就會被剪掉，所以男女間的情愛是絕對自私的、佔有的，社會上就因為情愛二字，鬧得沸沸揚揚、轟轟烈烈，成為永遠剪不斷、理還亂的淵源。

　　「情」為何物？唐代詩人吳融寫得好：

依依脈脈兩如何？細似輕絲渺似波。
月不長圓花易落，一生惆悵為伊多。

　　的確有不少人為情所困，一生惆悵潦倒，斷送大好前程。至於「愛」又是什麼？一般人誤以為男女之愛，就是性愛，「沒有肉體親密的關係，就沒有真正的愛情。」但是性愛如火，可以煮米成飯，也可以焚屋燒人，它必須是有節制、有限度的，不應被勉強的壓抑；也不該被病態的誇大，任性縱欲的結果，必定有損健康，這一點男女雙方大致相同。

　　根據統計資料，男人的平均壽命要比女人少五歲，這也是從男女特質的差異延伸而來，從養生的平臺上看男女，就可發現女人之所以會比男人活得長的原因，乃在於女人天生懂得保護自己、美化自己，而且女性胴體的抗壓力、忍耐力也比較強，再加上天生心細膽小、謹慎保守，偶患小恙，趕快求診；

稍有不悅，馬上發洩，啼泣流淚、嘮叨咒罵，將心中悒悶之氣，完全宣洩淨盡，這是養生的一大祕訣。大陸河南省有一座小學最近增設一堂「情感宣洩課」，由老師引導將各人心中的苦惱、委屈，怨恨、不滿、嫉妒、恐懼等等心情統統宣洩出來，哭一哭、罵一罵、說一說，然後擦乾眼淚，下課後，大家心田上雨過天青、風清月朗、毫無掛礙，站在養生的立場上來說，這真是不錯的創意，值得重視。

男人則不然，好勝爭強、粗心大意，加上接觸面廣、應酬頻繁、責任心重、權利欲大，所以遇到不如意、不快樂、不得志的事故，往往埋藏心底，非但不會宣洩紓解，反而採取麻醉刺激、自暴自棄的方式，以酗酒、豪賭、縱欲、狂舞、嗑藥等行為摧殘自己，而且身體有了病痛，大多不加重視，能忍則忍，不能忍則隨便買些成藥，諱疾忌醫，又不注意飲食、欠缺有恆運動、熬夜逾時、超越負荷，這樣像一支兩端燃燒的蠟燭，請問能夠點燃多久？

根據衛生署最新資料：近年臺灣居民罹患癌症的人口平均每八分半鐘就有一個病例，其中男性以肝癌、肺癌和口腔癌的增幅最多；女性以子宮體癌、腸道癌、乳癌為大宗。追究其原因，男性多因抽菸、喝酒、嚼檳榔，這三者俱備的人罹患口腔癌的機率會比常人增加一百廿三倍；女性則與荷爾蒙的變化、攝取過多高脂肪食物、以及廚房油煙、缺少運動等有關。可見吾人如果不重視養生保健，無論男女，縱然體質稍有差異，但是結果還是殊途同歸的。故云：

別說女人是弱者，壽命卻比男人長。
情感宣洩是祕訣，飲食運動要正常。

26. 多少有數

多與少，可以說是數量的比較，它包含了有形的數和無形的量。

人心貪婪，自私自利，欲壑難填，財不厭聚，所以每個人幾乎都有「富甲天下，權傾朝野」的野心，只是不易實現，僅能在有限的條件下進行「多多益善」的願望，而對那些負面的、不利的、討厭的事物，卻避之唯恐不及，即便遇上了，也是越少越好，因而使多與少在人們的感觀上形成了對比。

貪多嫌少，可說是人類的天性，從懂事時的孩童算起，抓糖果、拿玩具，絕對是盡其雙手所能，多多益善。及長，變本加厲，獲得多就高興，少則不悅。學校中與同學爭分數、家庭中與兄弟爭家產、社會上與同事爭福利。我們看那些限價不限量的自助餐館裡的食客，恨不得爹娘多生一個胃可以多吃一些，魚也要、肉也裝、菜也挾、湯也盛、甜點水果、沙拉冰淇淋，一波又一波地像海軍陸戰隊搶灘，端盆掃蕩，大事擄掠，結果總是搬得太多、吃得太脹，好像必須那樣才會值回票價，可是站在養生平臺上來看，恰恰相反，吃得越多，損傷越大；精挑少取，反而有利，因為人們都忽略了票價當中還包括了自己無價的健康在內。

世界上有形的財貨珠寶和無形的名器榮譽多如恆河沙數，以個人有限的生命和能力，是斂聚羅致不了多少的，況且人心叵測，永遠也不能滿足，所以畢其一生矻矻聚斂，任憑你夕夕盤算、夜夜計較，還是覺得不夠多，臨終仍感遺憾，這真

是人類自尋的悲哀。

其實，自己的胃口能裝幾碗飯、自己的肩膀能挑幾斤擔，心裡應該都有數，貪多嫌少，只會苦了自己。有許多事物，並非都是多多益善，而是適可而止、點到即可的，該多的當然最好不要少；該少的同樣也不要多。如果該多得的卻少得，或是應少得的卻多得了，那就有悖常理，違反自然，譬如：財富多卻善行少、朋友多卻知己少、經歷多卻專業少、人口多卻糧食少……都不是好現象，所以這多少之間，必須求得一個平衡點，不能一味求多，一直嫌少。

東晉時代的醫藥學家葛洪在其《抱朴子》書中就指出：

所以保和全真者，乃少思、少念、少笑、少言、少喜、少怒、少樂、少愁、少好、少惡、少事、少機。

他補充解釋說：

夫多思則神散、多念則心勞、多笑則臟腑上翻、多言則氣海虛脫、多喜則膀胱納客風、多怒則腠理奔血、多樂則心神邪蕩、多愁則頭鬢憔枯、多好則志氣傾溢、多惡則精爽奔騰、多事則筋脈乾急、多機則智慮沉迷，斯乃伐人之生甚於斤斧，損人之命猛於豺狼。

葛洪這十二少與十二多的主張，極受後代注重保和全真的人所推崇，就與他同一時代的學者張湛在其《小有經》中，以及唐代名醫孫思邈在其《千金要方》中也提出了同樣的學說，不過他們是將葛洪的「少機」改為「少欲」，對「多」的解釋為：

多思則神殆、多念則志散、多欲則損智、多事則神疲、
多語則氣爭、多笑則傷臟、多愁則心懾、多樂則意溢、
多喜則妄錯昏亂、多怒則百脈不定、多好則專迷不治、
多惡則憔煎無歡。此十二多不除，傷生之本。無少無多
者，幾近真人也。

張湛說得也是，誰能做得到這十二項不多也不少？雖然
明知那些事物多了並不好，可是常常還是放不下，就像吃自助
餐一樣，每次都是明知故犯，吃得太多太飽。

由此可見，任何事物顯然不宜多、允宜少。多了只是滿
足了、填充了一部分私心和貪心的空隙，卻損傷到肉身的健
康；少一點縱然心理上會引以為憾，生活上會稍覺匱乏，但對
攝生保健來說，卻有正面的幫助。的確，每個人夜眠不過七
尺，日食不過三餐，身穿不過數套，生命不過百年，其他身外
之物，多有何用？即便是身上之物，更是不宜太多，贅肉、血
糖、脂肪、膽固醇等太多都是病痛的禍源；心中的欲念、怨
懟、妒忌、仇恨、愛欲累積得太多，都是精神錯亂和焦躁憂鬱
的肇因。《孔子家語》：「無多言，多言多敗；無多事，多事
多患。」老子也說：「少則得，多則惑。」信哉斯言！

在養生平臺上，多與少是具有舉足輕重的作用，絕不像
唐詩「夜來風雨聲，花落知多少」那麼輕描淡寫地帶過，而是
攸關壽命和健康的機制。近年大家都很重視養生保健，因此有
人仿效孫思邈編了一首〈長壽多少十二則〉，頗合時宜，而且
簡明扼要，原文如下：

少吃多嚼、少葷多素、少糖多果、少鹽多醋、少酒多
茶、少看多聽、少言多笑、少坐多動、少車多行、少煩

多寬、少怒多歡、少取多施。

　　別看這十二則多少箴平淡無奇，箇中卻隱涵人生哲理、長壽祕訣，端看是否可以奉行，做到多少而已，只怕世人「知之者多，行之者少。」惜哉！有詩為證：

來時赤裸無一物，在世貪多還嫌少。
爭得富可甲天下，無奈撒手比人早！

27. 盈虧更遞

　　盧仝〈有所思〉詩：「天涯娟娟嫦娥月，三五二八盈又缺。」盈是滿、圓、溢、贏、多的意思；相反的就是缺、虧、損、虛、減等等，當然，人心常情，都喜歡盈而不愛虧，無論是大人或是小孩，誰也不願意吃虧、都希望贏，由於盈和贏的讀音相同、意義相近，所以益發受人們的喜愛。

　　更值得一提的是盈盈兩字重疊起來的意思，是形容女子體態輕巧美妙的樣子，所以就格外討喜。古代詩人詞客，在作品中常常用這盈盈二字描述女性，如古詩：「半額畫雙蛾，盈盈燭下歌。」「盈盈樓上女，皎皎當窗牖。」崔顥詩：「十五嫁王昌，盈盈入畫堂。」李煜〈菩薩蠻〉詞：「慢臉笑盈盈，相看無限情。」還有柳永的詞中用得最多，幾乎可稱之為「柳盈盈」，信手拈來，例如「盈盈淚眼，望仙鄉，隱隱斷霞殘照。」「是處麗質盈盈，巧笑嬉嬉。」「遙認，眾裡盈盈好身段。」「淚眼濕，蓮臉盈盈。」「盈盈，鬥草踏青。」「盈盈秋水，恣雅態，欲語先嬌媚。」……簡直是不勝枚舉。

　　雖然大家都欣賞這盈盈的圓滿巧妙，排斥虧虛的遺憾缺失，但是天道循環、周而復始，宇宙間沒有永遠的圓滿、也沒有不變的缺失，月無三夜圓、花無百日紅、人無千般好、樹無萬年青，任何事物，發展到了巔峰、成長到了極致，必然就會由盈轉虧，損圓成缺。人的一生，無論是體能、事業、愛情、甚至一個國家的富強，幾乎都躲不開盈虧更遞的定律，試看秦皇漢武、唐宗康乾，以及成吉思汗、羅馬帝國等等，不是都

在最強盛的時候驀然由盈轉虧，而且是虧得一塌糊塗？我們的身體，成長到了十八歲上下，發育完全之時，即已達到豐盈頂端，如果妥善保養、細心照料，把握時機、奠定基礎，這片頂端平臺，就會自動拓展擴充、往後延伸，否則，可能立即轉為下坡，一路下降，迅速趨於谷底。枯木逢春猶再發，人無兩度又少年，這是多麼現實的課題，焉可等閒視之？

《呂氏春秋》云：

極則必反，盈則必虧。

這是自然不易的法則，誰也無法更改，但是常人往往被貪婪自私的欲念所役，一心專注於聚斂藏私，不知道何時已足，不懂得什麼叫盈，就像一個貪饞的餓漢遇到美食、一個好色的君王見到麗人，根本就沒有自我節制的觀念，只圖眼前的滿足，那管事後的虧損？《史記‧蔡澤列傳》云：

日中則移，月滿則虧。

這與《呂氏春秋》所說的完全一樣，只是更明白地舉出月亮和太陽為例，提示人們，要懂得盈虧更遞的法則，在生活的過程中，深悟日昃月缺給予我們的啟示，不要一味持滿求圓，永不知足。須知世上沒有不變的現象，只有不滅的定律。《後漢書》有一句斬釘截鐵的話：

富貴盈溢，未有能終者。

的確，俗云富不過三代，貴不到一甲子，試看周遭的親

友戚朋、長官同事，又富且貴的人，曾經風光多久、能夠維持幾代？

從養生平臺上來看這個盈虧問題，更令人感到嚴重性，只可惜大家平常都疏忽了，當我們覺得胃口奇佳、精神特旺、體力充沛的時刻，正是「盈則必虧」的關口，必須格外小心保健，否則，措手不及的變化，可能就會禍在旦夕，許多自認為體格強壯的人，吃喝玩樂，放任逍遙，不知何謂病痛，根本看不起什麼養生保健，可是一旦生病，就是致命的惡疾。相反地，有些人自知體虛力虧，不敢輕忽，縱然小病不斷，可是防範得宜、養生有道，別看他經常病懨懨、瘦巴巴的，生命力卻比誰都強，活得比誰都久，這就是懂不懂盈虧更遞法則的分別。

我們的身體，完全依賴保養調護，才得以延長生命年限，猶如一輛汽車、一件玩具，好好保養和細心愛惜與沒有維護和粗魯玩弄的結果，絕對大不相同，當我們覺得體能有點虛弱耗損時，那是由盈轉虧的現象，亟須調補復健；當體能恢復到正常狀態時，就不要再補了，只須保持現狀、妥慎保養、適當運動，做恆毅長期的調護就可以了，最忌大量的、盲目的、貪婪的進補，以致超越了身體的負荷與需要，弄巧成拙，由盈轉虧，得不償失。國人常常自作聰明，當生活條件稍為好一些時，就開始每天進補，俗有「吃啥補啥」的論調，認為吃動物的肝就能補肝、吃腎補腎、吃腦補腦，男人怕腎虧性弱、女人盼婀娜多姿，於是就大事服用壯陽藥，美白劑、瘦身品，花了冤枉錢，還弄了一身是病。須知各人的體質互異、基因不同，有人可以進食補，有人不能進藥補；有人血壓過高，有人血壓太低，怎麼可以人云亦云，跟著人家亂吃亂整呢？《史記‧蔡澤列傳》云：

　　進退盈縮，與時變化，聖人之常道也。

　　這「與時變化」一句，點出了要訣，值得我們好好斟
酌！故曰：

　　天道循環有盈虧，人生起伏很正常。
　　持滿求圓盈不久，盲目躁進虧更長。

28. 勞逸若一

　　西漢淮南王劉安的《淮南子》書中云：「投足調均，勞逸若一。」意指勞動與逸樂猶如左右雙足，必須調配均勻，動作一致，才不致於跛躓。

　　勞與逸，是兩個極端，一般人都好逸惡勞，貪圖享受，排斥辛勞。其實，逸有心逸、身逸、情逸、形逸；勞有心勞、身勞、形勞、神勞的分別，為了糾正人們好逸惡勞的習性，古人乃一再強調勞動的重要，指出安逸的危機。《孟子》：

　　天將降大任於斯人也，必先苦其心志，勞其筋骨。

　　蘇洵《論易》更直截地說：

　　聖人奪其逸死，而與之勞生。

　　因此康熙帝補充說：

　　聖人以勞為福，以逸為禍也。

　　他大概是根據《古文苑》中所云：「亡國多逸豫，而存國多難。」因為「逸豫則生驕荒，多難則知警懼。」逸豫、逸安、逸致、逸樂、逸閑固然會導致放縱、荒嬉、消沉、腐敗、淫亂等不好的現象，但是刻意要求勞動、勞心、勞力、勞神，

也會使人形骸憔悴、神疲力竭，影響到養生保健的法則。

　　近來就發生過幾個公務人員因為「過勞」而致猝死的案例，依據9999汎亞人力銀行最新調查，有五成七受訪的臺灣上班族擔心自己會過勞死，可見這項議題的嚴重性，使得各界都大為關注。很多醫生因此提醒大眾；易致猝死的危險因子，包括高血壓、心血管疾病等慢性痼疾，加上身心過於疲累，以致無法負荷，最後猝不及防，而遭「過勞死」的厄運，不過，這過勞死在醫學上尚難給予死亡診斷的定義，而且也沒有這個病名，一般不明原因猝死的主因是由於心肌梗塞、中風、氣喘發作或腦溢血所致。在日本，近年來已將過勞死列為職業病之一，屬於新興的文明病，其病源是人們長期處於生活或工作的壓力之下，導致腎上腺素不斷地過度分泌，除了可能造成中風和心肌梗塞而致命外，也可能導致眼睛視網膜病變，使視力減退。中醫則認為過勞死是體力與心力的同時過度透支，使心神無法得到滋養，也使疲勞無法恢復，兩項相加，便成相乘的效果，焉不致命？

　　如何才可以避免過勞死呢？醫師群建議應該多攝取動物性蛋白質，以增加腦內神經的傳導物質，讓頭腦清醒，增加記憶力；多吃醣類食物，促進腦部的新陳代謝，並補充葉酸、維生素C及B$_{12}$，可讓全身儲備十足的活動能量。中西醫還一致地認為；運動是最好的健康和解壓良方，其理由包括了「運動可促進並增強免疫系統的活力作用」，以及「運動可以舒緩憂慮和緊張」等功能，這就牽涉到勞逸若一的根本課題上面來了。

　　公務人員之所以害怕過勞死，大多是由於心理壓力太重與工作太繁，這是心勞與形勞過甚，莊子說：

　　形勞而不休則弊，精用而不已則勞，勞則竭。

明代醫學家萬全在其《養生四要》中也說：

> 心勞則神不安，神不安則精神皆危，使道閉塞而不通，
> 形乃大傷，以此養生則殃。

假設他們說的不錯，那麼人們就應該特別留意，勿讓心勞與形勞造成致命傷，而且更不能以過勞死為藉口，強化好逸惡勞的意識形態，因為我們的四肢筋骨，還是需要勞動，身勞與心勞是有差別的，寧可多勞身勞力，不要太勞心勞神，如果為了避免過勞猝死而貪圖逸樂，同樣地也會有因為逸樂而招致喪命的後果，所以康熙帝的養生哲學強調「無逸致壽論」。他說：「世人皆好逸惡勞，朕心則謂恆勞而知逸。若安於逸，則不惟不知逸，而遇勞即不堪矣。」故《易》云：

> 天行健，君子以自強不息。

以人體與天體對照，必須恆毅運行、自強不息，才是養生保健之道。明代名醫龔廷賢有詩曰：

> 惜氣存精更養神，少思寡欲勿勞心。

英雄所見，論點大致相同。

由是看來，可以得到一項概略的結語，那就是心勞、神勞、不如身勞、體勞；身逸、體逸不如心逸、神逸，年輕時要勞其筋骨、身體力行，勿安於逸樂、閑散放縱；到了老年階段，則可放任隨心，閑情逸致。不管是勞是逸，都得因人適宜、因地調整、因量斟酌、因時搭配，使其融和湊合、渾為

一體，既不偏於勞，亦不倚於逸，做到勞逸若一，忙閑均勻。
《孔子家語》提示我們：

> 夫寢處不時，飲食不節，逸勞過度者，疾共殺之。

古人研究養生，對於勞逸是與寒溫、饑飽相提並論，可見其重要性。

至於年老退休，當然要生活得比較閑逸安適，盡量少涉勞心勞神，才能享受晚年之樂、黃昏之美。最可悲的現象是有些人年輕時淫逸閑散、放浪形骸，及老，則困頓勞苦、幫傭果腹，此皆由於不知勞逸輕重，造成先甘後苦的悽慘人生。

最懂得享受老來安逸的陸放翁，有一首詩寫得妙：

> 整書拂几當閑嬉，時取曾孫竹馬騎。
> 故放小勞君會否？戶樞流水即吾師。

29. 菸酒分家

　　俗話說：「菸酒不分家。」意思是吸菸與喝酒是分不開的，而且朋友相聚時，敬酒遞菸，不分彼此，別的東西不會隨便遞送給朋友，被遞送的人也不會隨便接受，唯獨菸酒，可以任意授受，互相敬贈，猶如家人，你奉菸、我敬酒，一手夾菸、一手持杯，多麼灑脫自然！不過，要是從養生的立場來看，顯然尚有值得商榷憂慮之處，那菸和酒湊合在一起，對人體產生損害的威力，是相當可怕的，所以應該要「菸酒分家」，使損害的程度降至最低。

　　菸和酒，都含有刺激性，會令人上癮成癖，衍生許多不良的後遺症，因此有識之士無不力主戒除，可是這兩樣東西都具有悠久的歷史，而且深入社會各階層，極受大眾寵愛，想要澈底勒戒根除，很難成效，因此在養生平臺上，不得不勉強容許它們有條件的存在，那就是予以分家，不要敬菸敬酒。因為多年來人們已經養成了一種壞習慣；拿奉菸敬酒來作為社交的禮儀、當做公共關係的媒介、感情聯絡的橋樑、聚會作樂的道具。有些年輕人還不會抽菸喝酒，可是遇到了已經會抽會喝的友人，往往無法拒絕對方的盛情，一支菸遞過來，怎好拒絕？如果不近人情，堅決不受，不是令對方面子上掛不住，就是把見面的氣氛搞得很尷尬，甚至會被朋友奚落幾句，為了自己的尊嚴，也為了朋友的面子，只好伸手接過來，這樣的次數一多，慢慢也就有了癮，不待別人奉菸，自己也會自動去購買了。固然友儕在煙霧縈繞中會縮短彼此的距離，卻也在煙霧氤

氤間付出了慘重的代價。有人說會抽菸的人常常遞菸給不會抽的人，是有陰謀居心的，因爲當他把那些菜鳥誘導上癮之後，必然會自已去買菸，到那時候，他就可以欣然接受菜鳥的敬奉，享受無盡的伸手菸了。

　　說實在的，吸菸這檔子事，絕大多數都是被菸友前輩引誘上癮的，在眾友面前，不能表示自己懦弱、沒出息，連香煙都不敢抽，還是一個男子漢嗎？看看人家那副抽菸時的德性；粗獷豪放、英雄氣概、瀟洒沉著、悠然自得的神情，的確會使人羨慕，何況自已也是朋輩中的一份子，眾人都是人手一支在騰雲駕霧，唯獨自己處在霾靄之中自鳴清高、落落寡合，那還混得下去嗎？有了被人遞菸點菸的經驗之後，如果在生活上遇到稍不如意的事，就會想到去買一包菸來抽抽，藉那抽菸的動作和麻醉來掩蓋內心的徬徨，於是，菸癮就悄悄地成癖了。

　　喝酒也是一樣，幾乎都是朋友之間彼此訓練出來的，幾個好友相聚，會餐時如果沒有來一瓶酒，似乎缺少了潤滑劑，有了酒，自然少不了互敬乾杯，年輕人誰也不甘心在友人面前示弱，明知自己酒量不大，爲了自尊，一仰而盡，何等爽快！管他醉後會發生什麼事情，許多意想不到的後果，就在此際埋下伏筆。

　　根據科學研究的分析；香菸中含有尼古丁、一氧化碳、和致癌原，人們每吸一支菸就會減少六分鐘的壽命；吸菸者致癌的機率是常人的十倍，每天吸廿支以上者，致癌的機率高達十七倍。不但如此，因吸菸而造成的「二手菸」，其毒害的威力並不遜於吸菸者，這項發現使得不抽菸的人把菸友視爲病毒的傳媒，無不敬鬼神而遠之，因而全世界各國都在公共場合、交通工具、觀光旅館等地方禁止抽菸，以免無形殺手到處逞兇，這使癮君子的顏面喪盡、自尊心受損，過去吸菸時的那副

豪邁氣概、瀟洒風度已蕩然無存，變成了偷偷摸摸、畏畏縮縮的過街老鼠，看起來好像值得憐憫，其實，這種態勢，正是拯救老菸槍的訊號，提醒癮君子及早放下菸枝，勿令菸毒繼續侵襲五臟，剝奪生命，須知「飯後一枝菸，提前見老闆。」這是誰都不願意的事！

　　至於喝酒，如能保持淺斟小酌、微醺淡酌的界限，非但有助宴飲情趣、而且不會損害健康，反而有益血液循環、降低血壓、預防冠狀動脈心臟疾病。如果過量，叫做酗酒，那就會對心血管疾病、中風、糖尿病、高血壓、肝硬化、高脂血症及癌症都有不利的影響。倘使酒後駕車、亂性、失控、更會釀成不可收拾的悲劇，可見喝酒有利有弊，關鍵在於適量或逾量。明代御醫龔廷賢有詩云：

　　食惟半飽無兼味，酒至三分莫過頻。

　　很有養生的意義，值得參考。

　　由是可知，香菸是一無可取，只有害無益；美酒是利弊互見，有益也有害。如果不接觸菸酒，就不會有癮，萬一上了癮，為了自己的健康，也該試圖盡量減少，逐步禁絕。菸朋酒友都應該懂得尊重他人的生命，不要勉強敬酒、盛情奉菸，須知那是害人、坑人的舉止；不懷好心、不道德的行為，彼此都能養成這種觀念，菸酒就會逐漸分家，你喝你的酒、我吸我的菸，不再推波助瀾、互為狼狽、遺禍人間了。故曰：

　　誰說菸酒不分家？一旦上癮如上枷！
　　肝臟硬化肺結疤，如仙如聖都是假。

30. 哭笑適度

　　人類天賦的本能之一，就是會哭能笑。

　　笑和哭的成因，有自發與外感兩方面，而且笑有正笑和邪笑；哭有真哭和假哭，仔細分析起來，並不單純。

　　先說哭；嬰兒一出娘胎的第一項表現就是哭，哭聲越響，表示越健康，如果沒有哭聲，接生的醫師會倒提雙腳拍拍小屁股，使其哭叫，如果仍然哭不出聲來，那可麻煩了。

　　哭是人類反映內心情緒的行為之一，幼兒時期用哭表達感受、孩童時期用哭表示意見、成年時期用哭宣洩情緒。我們平常所說的哭，只是一個通稱，其實要大聲才叫哭、輕聲是叫泣、有聲無淚叫嚎啕、聲淚俱下叫啼泣、斷續噎氣稱嗚咽、邊哭邊叫稱號泣，而且還有真哭與假哭之分；真哭是發自內心真情的慟哭、痛哭、哀哭、大哭、悶哭、偷哭，而假哭則是為了要達到某一目的，遂以哭作為手段，如騙人的偽哭、撒嬌的裝哭、政客的賤哭、小孩的鬧哭，無非都是騙取同情、博人憐憫的動作。

　　假哭是騙人的行為，殊不足取；真哭則可發洩情緒，雖然哭後會感到疲乏，但是心靈上會覺得一陣輕鬆，所以哭並非一無可取，只要適度、適時、適地，有必要時，痛快一哭，消除胸中塊壘、紓解心頭鬱悶、轉移感情痛苦，倒也得失難分，更何況適度的流淚，反而有益健康，可以避免乾眼症。據醫學界分析；「淚水」是很有價值而且神祕的東西，具有營養排泄、清潔眼睛、驅除細菌、協助屈光、維持濕潤等五大功能，

從淚水組成的結構來分，有脂肪層、水液層、粘液層三部份，其中除了百分之九十八是水份，還有百分之二當中含有各種離子、脂肪酸、蛋白質、抗菌因子、醇類、葡萄糖、氯氣、代謝產物等，所以醫師說；「有什麼痛苦，不妨哭一哭、流流淚水，並不見得是件壞事。」當然，如果悲泣過度，聲嘶力竭、眼眶紅腫，那當然有損身體，甚至還會哭瞎了眼睛的。

　　至於笑，也有正笑與邪笑之別；正笑是導源於內心快樂的反射，當一個人遇到開心、喜歡、愉悅、得意、欣賞、讚美、回味等等的那一刹那，臉部自然就會顯出笑靨或笑意。笑就像一朵鮮花，要笑未笑時猶如含苞待放、露齒微笑時宛似花瓣半張、哈哈大笑時就像怒放盛開，楊貴妃的「回眸一笑百媚生，六宮粉黛無顏色」，大概就像鮮花半開時的笑靨，怎不令人心醉？

　　邪笑就沒有那麼可愛了；譬如假笑、冷笑、陰笑、譏笑、獰笑、諂笑……還有皮笑肉不笑、嘴笑眼不笑、臉笑心不笑、笑裡刀、笑面虎等等，非但不可愛，反而令人恐怖。這類邪笑，也是內心奸詐、狠毒、卑鄙、陰險的反射。史載唐代奸相李林甫，奸點狠毒，面無表情，如果對朝中某員一笑，那個官員肯定活不長久，所以李林甫外號「笑裡刀」，多麼可怕！

　　其實，真正的笑，是心理健康的維他命、人際關係的潤滑劑、友情溝通的便橋、誤會化解的溶媒，站在養生平臺上來看笑，簡直就像是中藥裡的甘草，不但可以調和百藥，還可以防治諸病，增進身心健康，在生理上可以降低血壓、減輕肌肉緊張、促進消化功能、抑制神經衰弱；在心理上則有降低壓力、減輕焦慮、轉移煩惱、軟化躁急等作用。由於正常的笑，對於健康有這麼多的助益，難怪心理醫師都勸導大家要以微笑治病。原來笑是一種複雜的神經反射作用，當外界的客觀笑料

或內心的主觀笑媒變成訊號，通過感官神經傳入大腦皮層，大腦皮層接到訊號，就會馬上指令臉部的肌肉振動起來，形成多層次的笑意，如果只需微微地嫣然一笑，那僅須輕輕扯動面肌和嘴角；倘使需要大笑，那就會連帶引動全身的肌肉筋骨，一齊動作；捧腹、彎腰、掩口、鼓掌大笑，笑得眼淚都漏出來，那真是最佳的心身保健運動。專欄作家誓還曾經寫過一首〈大笑歌〉云：

> 一笑煩惱跑，二笑怒氣消。三笑憾事了，四笑病魔逃。
> 五笑永不老，六笑樂逍遙。時常開口笑，壽比彭祖高。

的確，笑口常開、笑聲不絕、笑容可掬、笑逐顏開，既可增進人際情誼、受人歡迎；復可祛病延年、健康長壽，何樂而不為？

嚴格說來，哭和笑都是人類天賦的本能，當笑到巔峰時就接近哭；哭到極致時就接近笑，所以有時會遇到笑變成哭、哭變為笑；哭了又笑、笑了又哭的現象，都是一把鼻涕一把淚，讓旁人搞不懂到底是笑還是哭。不過，從養生的立場來說，是不宜過度的哭笑，應該適可而止，該哭就哭、該笑就笑，保持適度的宣洩，猶如水庫調節洩洪，不開閘放水，可能會潰堤；閘門開太久，水庫會乾涸。故曰：

> 該哭何妨痛快哭，想笑就得隨時笑。
> 哭能宣洩心中苦，笑是良藥有特效。

31. 離合有守

《鬼谷子‧捭闔篇》云：「離合有守，先從其志。」

這離與合，是人生歷程中必有的現象，即便是最原始的部民，也不可能與家人終生廝守在一起，何況最後必有死別。在交通便捷的現代社會中，人與人的聚散，不論親疏，更如萍水相逢、浮雲飄聚，忽離忽散，分合無常，所以對於「人有悲歡離合」應視同「月有陰晴圓缺」那樣稀鬆平常，無足掛齒，先要有這種觀念，心裡有數，自然就離合有守，無所憂思了。

但是，一般人只顧慮到親人和愛人的別離之苦，而不珍惜彼此會合相聚時之樂，我們看有多少家人兄弟鬩牆、夫妻異離、父子反目、母女鬥氣、好友交惡、情人分手，那是多麼浪費、多麼糟蹋聚合的良機，硬是要把團圓撕成碎裂、將和合扯成分離，讓彼此的心靈中都留下一條裂痕，真是不懂得聚合的可貴難得。

古人嘗云：「百年修得同船渡，千年修得共枕眠。」不管要修多少年，兩人能夠從「眾裡尋他千百度」或是「有緣千里來相會」而聚合在一起，都是非常難得的或然率，為什麼有的親人愛侶一見面就要爭執吵架、甚至咒罵暴行？想想看一對夫妻，從廿五歲結婚相聚算起罷；男女都活到七十五歲好了，相聚五十年，這其間兩人白天要分頭上班工作去掉八小時、夜晚睡眠八小時，一天湊在一起晤談的時間只有三分之一，換句話說：五十年中只有不到十七年的時間相晤，而當中還要扣除出差、出遊、調職、受訓、求學等等因故必須別離的日子，真

正聚合的歲月，實在所剩無多，彼此相愛相親、體貼照顧，尚嫌時間太匆促，怎捨得把寶貴的光陰用之於爭風吃醋、鉤心鬥角、互相傷害、拳腳相加呢？

　　人類之所以要群聚家居，就是爲了能夠守望相助、疾病相扶、情感相托、禍福相倚，在養生平臺上，少不了親人的照顧和慰藉，庶可獲得健康與快樂，即使微恙小疴，由於有親人從旁調護，不但減輕病痛，更可早日勿藥，何忍與身邊親友、枕邊伴侶反目成仇、恩斷愛絕，而勞燕分飛、各奔前程？有人一見面就吵架，離開後又想念；有人床頭吵架床尾和；有人一見就討厭、不見又傷心；有人夜夜磨刀、視若仇敵，恨不得快刀斬亂麻，一刀兩斷。這樣逞一時之快、圖一時之爽，罔顧聚合的可貴，其結果對雙方的心身健康，都會留下一道無法彌補、難以復原的傷口。

　　無可否認的，離是悲、合是喜；別時傷心、聚時快樂，這才是人性的常態，只是世人偏偏有時反其道而行，也違悖了養生要領，實在可惜，要知道親人分離，是多麼難過的感受！「弔影分爲千里雁，辭根散作九州蓬。」戰亂使得家人離散，那是逼不得已，何忍存心自我拆散？看看前人描述離別的情緒，眼前能夠相聚在一起的人們應該知所珍惜。唐韋莊：

　　一曲離歌兩行淚，不知何地再逢君？

張若虛：

　　可憐樓上月徘徊，應照離人妝鏡臺。

賈至：

世情已逐浮雲散，離恨空隨江水長。

的確，多情自古傷離別，萬重離恨一時來，古人只要想到荒村、野店；折柳、牽衣；持杯、立馬；離筵、征袍；壩橋、陽關，就會皺眉蹙額、心有戚戚，唯恐家人拆散、骨肉分離，那堪動輒喊離、任意叫散呢？

分離的性質有兩種，一是短暫的、還有重合的日子，譬如因為出國留學、職務調動、外地經商、應徵服役、因案入獄、或是女嫁男婚、另立門戶；另一種是永久的、沒有重合的機會，例如死亡與感情決裂、反目成仇。人生在世，誰也無法逃避這一「離別關」，暫別尚有團圓日，不必日夜掛心腸，死別也是命中定，悲慟痛苦損健康，最忌情感變質，夫妻或情侶面臨決裂的危機，那是最傷神又傷體的悲劇。但是，一旦分手的事實既已定調，就得勇敢地坦然面對，不要幽怨痛恨，也毋必自暴自棄，更不可做出愚蠢的行為，在這段日子中，不妨試著找尋活在今天的自我，忍受短暫的寂寞，斷絕過往的臆念，重新開創生活的情趣，轉移痛苦的觸角，使仳離的傷害減免到最少，才合乎養生保健的基本要求。

李煜有一句膾炙人口的詞句：「別時容易見時難。」提醒世人不要輕易離散，因為「明日隔山岳，世事兩茫茫。」能夠共聚一天，就算贏得一天價值，君不聞「一夜夫妻百世恩」這句俗語嗎？而李商隱有一句詩說得更深刻：「相見時難別亦難。」這是人生的無奈，也是情感的無助，有人常處在「死別已吞聲，生別常惻惻」的情緒中，過著「聚散苦匆匆，此恨無窮」的日子，那身心怎能健康？

所以，對於離合，我們應該有守有節、可收可放，人生的旅途上，難免有許多歧路坡坎，千萬不能因而影響到我們正

確的前進方向。故曰：

　　人生離合本無常，過度傷感損健康。
　　既然相聚當珍惜，分手容易牽手難。

32. 鰥寡自重

　　《孟子·梁惠王》：「老而無妻曰鰥，老而無夫曰寡。」

　　鰥：讀音為關，原意是海中的一種大魚，牠總是單獨行動，因此古人就拿牠來形容單行獨居的男人，「男子無偶曰鰥居」，「老者無妻曰鰥夫」。但是，大多數老而獨居的男人都不喜歡被人家叫做鰥夫，好像嫌棄這個「鰥」字不但筆劃太多、而且很陌生，恐怕有人還不會唸，尤其是在《禮記·禮運》中還提到「鰥寡孤獨，皆有所養。」顯然是社會上被人們憐憫的弱者，所以聽起來有點刺耳，即便是那海洋中的大鰥魚，形狀也不美觀，肥胖的魚身、闊大的嘴巴、凸出的大眼、黯黑的鱗片，實在有夠醜陋。陸游有詩句云：「愁似鰥魚夜不眠。」原來「魚不閉目」，可見鰥夫也可能經常失眠，正如古人所說「愁悒不寐，目恆鰥鰥然也」了。

　　至於「寡婦」，似乎比「鰥夫」更不好聽，「黑寡婦」、「小寡婦」、「俏寡婦」、「老寡婦」，這些稱謂，都很難聽。如果年輕喪偶，又有幾分姿色，成為俏寡婦，言行舉止略顯輕佻，往往就會有招蜂引蝶、誘蟑逗蟻之議，即便是老而無夫的老太婆，也不喜歡被叫做老寡婦，因為國人自古重男輕女，如果丈夫先亡，總會怪罪於妻子，認為丈夫是被剋死的，所以把她視為運薄命硬的不祥之婦，很多祭祖敬神和喜慶謝恩的場合，都不歡迎剋夫的寡婦參與，平常也不便穿著顏色鮮豔、款式時髦的服飾，而且還得不苟言笑、深居簡出，比起鰥夫，更有說不清的委屈與悲情，所謂「寡母孤兒」、「寡婦

喪子」、「孤寡伶仃」，都是人間最不幸的遭遇，值得世人扼腕同情。清康熙敕撰的《淵鑑類涵》中有一節關於「寡婦船」的記敘：

> 范文正鎮越，民孫居中卒，子幼家貧，公助俸錢百緡，治巨舟，差老尚校送歸，作詩一絕，誡其吏曰；過關津，但以吾詩示之。詩云：「十口相持泛巨川，來時燠熱去淒然。關津若要知名姓，便是孤兒寡婦船。」各口岸官吏見詩，莫不通關放行。

讀來令人悽惻。

其實，鰥寡還可以分為好幾類；一是年輕時即已喪偶的鰥夫寡婦、二是年老時失去老伴的鰥夫寡婦、三是因離婚而形成的鰥夫寡婦、四是膝下有子女的單親家庭中的鰥夫寡婦、五是膝下空虛子然一身的鰥夫寡婦、六是不願嫁娶的獨身主義者，也可以叫做老處女、老處男，或是只願同居而不肯結婚、終而分手獨居的男女。這幾類，因為情景不同、環境有異，其生活的狀況和心態表現自然也有分別，分析這些鰥寡的保健之道，當然也是略有參差、各具特性的。

因為無論年齡多寡、環境好壞，鰥夫寡婦對於自己的生涯規劃，大致可歸納成三方面；其一是逼切期盼第二春，希望重譜鴛曲；其二是抱著隨緣的心理，遇上合意的對象，就不妨梅開二度，倘使沒有碰到適合的人，也就不去強求渴望：其三是心如古井水，永不起波瀾，任憑外界如何引誘挑逗，始終無動於心，今生今世，鰥寡至終。當然，如果是年輕體壯的失偶者，不論對方是生離抑是死別，大多數是會重新匹配、另築愛巢，因為現代的觀念，早已將「貞節」當成廢棄物丟進垃圾車

去了，不過這當中也會有一部分是由於生活所逼、環境使然，並不能一竿子打翻一船人。

如果是抱著旺盛的企圖心，不甘寂寞，奮力想要摒棄鰥寡的生活形態，其養生的要領，毋庸贅述，這些人自然會格外注意，不但會保健，而且還會養顏，只有年紀稍大、不想再創第二春的鰥夫寡婦，才必須特別善自珍重、謹慎養生。

鰥寡者養生的起點要從澄心、靜心、定心、死心出發，先把內心裡殘存的情愫思念清除淨盡，對那失去的配偶形像，徹底予以封存、消滅、拋棄或是加以醜化、惡化、仇化，這樣，就不會被「春心莫共花爭發，一寸相思一寸灰」所擾、「天長地久有時盡，此恨綿綿無盡期」所苦，要知「多情自古空遺恨，好夢由來最易醒。」千萬不要沉溺在回憶中，「睹物思人」、「觸景傷情」只會帶來無邊的虛寂與深刻的痛苦，過去的幸福、恩愛、濃情、蜜意，或是怨恨、誤會、情仇、惱怒，早已化作輕煙，隨著時空的微風飄散，不斷回頭顧盼的腳步只會躓頓與跛蹶，唯獨懂得注意前方、往前邁進的人才會走得踏實健康。

同時，要敞開心胸，接納新的事物與知識，尋找精神的寄託，培養一些良性的嗜好、學習的目標、生活的興趣，把日常活動安排得充實緊湊，不讓自己覺得無所事事、枯寂無聊，好像每天都充滿了期待與希望。還有信仰宗教，參與宗教活動，也是鰥寡養生的不二法門，因為缺少老伴在旁照料，一切都得依靠自己，要懂得自愛、自珍、自重、自保，才能夠安享晚霞滿天的璀璨餘年。故曰：

夫妻未必到白頭，老來無伴令人愁；
唯有忘情能自愛，清心寡欲多長壽。

33. 吉凶趨避

　　別以為吉凶與養生沒有什麼關聯，其實，這吉與凶在養生平臺上，卻佔有相當分量的影響力。

　　所謂吉，當然是好事、福份、善實、順遂、祥兆、喜慶的意思。所謂凶，也就是不好、禍殃、險惡、悖逆、夭逝、拂意的壞事。人生的旅程中，猶如乘坐獨木舟順流而下，中途有險灘、惡水、漩渦、急湍，自然還有緩流、碧波、岩花、異草，有時困頓悲哀、緊張悚懼；有時春風得意、賞心悅目，正是吉凶交遞、福禍相倚、否極泰來、盛極而衰，純屬自然的法則，人們必須坦然面對。

　　無可諱言，吉事乃人之所喜，凶事乃人之所厭。所以趨吉避凶、迎祥摒禍，成為人們日常焚香祝禱、虔誠祈求的生活品質，然而天有不測風雲，人有旦夕禍福，是凶則非吉，想躲來不及，當這兩極化的吉凶降臨身家之時，唯有抱持沉著應付、性靜情逸、鎮定順變、隨緣自在，讓它被時間的淡化、情緒的淡出、事件的淡忘中，恢復正常的生活，像巨艦通過運河，縱然湧起千堆浪、鼓翻萬層波，當其駛過之後，漸漸地仍舊趨於無紋無瀾，不留下一點痕跡，是為上策。

　　我們觀察周遭的親朋戚友，生活變化無窮，「眼看他起高樓，眼看他樓塌了」，世事茫茫難自料，吉凶款款總相隨，時來運到，飛黃騰達，搖身一變，儼然巨賈顯要，躊躇志滿、揮霍無度、目空一切，曾經幾時，一旦亢龍有悔、禍起蕭牆、官司纏身、債務壓頂，驀然間無法調適，整個人的免疫系統和

抗壓耐力完全崩潰，結果是能從醫院的加護病房中安全脫身，已屬萬幸。

一般人巧逢吉時，遇到好運，往往會自我鬆懈、興奮欣喜，甚至放縱狂傲、得意忘形，「痛飲狂歌空度日，飛揚跋扈為誰雄？」殊不知吉旦之後，多隨凶兆，猶如光束背面，必有陰影；鮮花璨爛，定將枯謝，如果不諳養生韜晦之道，最後肯定會「賠了夫人又折兵」，把自己的健康陪著曇花一現的好運埋葬於懊惱的沙丘。不要提打勝仗的將軍狂歡慶功之夜被敵人偷襲敗亡的故事，且以時下簽中大樂透特獎的人來做例子，要是不知沉潛鎮定，竟然喜形於色、大事張揚，那麼，即將接踵而至的放任、狂喜、壓力、惶恐、苦惱、緊張的複雜心情，必將「吹皺一池春水」，怎麼能不影響身心的健康？

「福無雙至，吉只單傳。」我們偶逢好運，流年大利，必須好好珍惜，勿讓好事沖昏了頭腦，樂極生悲。古人有詩：

久旱逢甘雨，他鄉遇故知，洞房花燭夜，金榜題名時。

這是大吉大利，不過，如果每句詩的後端加上兩個字：冰雹、債主、石女、同名，馬上就由吉反凶，可見吉凶之間的距離是很接近的，當你的右腳踏在吉地，左腳一踩出去，可能就是凶境。

通常我們遇到凶事，心情一定不好，總是自艾自怨，甚至還會感到驚悚、惶恐、焦慮、疑懼，怪東怨西、懊惱悔恨，不但舉止失措、生活失序，接下來不是夫婦勃谿、全家不寧，就是大病一場，這對養生保健的損害實在太大。

很多人為了要趨吉避凶，往往煞費苦心，譬如各種號碼：車牌、門牌、電話、手機、姓名筆劃、出門時辰、約會方

向、衣著顏色等等，都要考證，生活不順遂，就認為祖先風水欠佳、居屋莫非凶宅？家人是否沖剋？種種洋迷信加上土規矩，把自己變成吐絲的蠶繭，緊緊地糾纏封閉起來，唯恐觸犯霉運凶神，長久下來，不得自閉症、也會得鬱躁症。

事實上，人們在日常生活中，或多或少都會碰到稱心如意、或是傷心拂意的事故，只要懂得如何應對，就可逢凶化吉、遇吉成雙，最簡單的例子：年節期間，做媳婦的偏偏就在大年初一失手打破了一只飯碗，那是很不吉利的徵兆，全家人會大吃一驚，尤其是長輩們，更是耿耿於懷，這時，只要有個開明的人立刻轉移情緒，忙唸：「碎碎平安！歲歲平安！沒事！沒事！」說沒事，就沒事，不把這件事擱在心裡，天下本無事，如果心裡忐忑不安，疑神疑鬼，果真就出事。

唐白居易有一首〈凶宅詩〉中云：

長安多大宅，列在街西東。
往往朱門內，房廊相對空。

為什麼會這樣？原來是：

前主為將相，得罪竄巴庸。
後主為公卿，寢疾歿其中。
連延四五主，殃禍繼相踵。

於是，白居易提出了忠言：

凡為大官人，年祿多高崇。
權重持難久，位高勢易窮。

驕者物之盈，老者數之終。

最末，他說：

寄語家與國，人凶非宅凶。

誠然，所謂凶車凶宅，或是吉旦吉物，都在於人的主觀心態舉止，而不在於客觀的時空事物。《莊子·人間世》云：「吉祥止止。」這句話很有哲理；吉者、福善之事，祥者、嘉慶之徵，止者、凝靜之智，意謂吉祥善福，止在凝靜之心；凶險困扼，更須凝靜應付，這樣，才不會被吉凶所擾，破壞了養生平臺上的平衡。是故白居易〈感興〉詩曰：

吉凶禍福有來由，但要深知不要憂。
名為公器無多取，利是身災合少求。

34. 壽夭數也

閩南語「夭壽！」是一句罵人的話，有點像國語「早死好啦！」

人，既然出生，都不想早死，好活歹活，都要活下去，而且還想越活越久，所以誰也不願意夭壽。

《文選注》：「年未三十而死曰夭。」所以夭折、夭殤、夭亡、夭壽都不是好詞，照講三十歲在人生過程中正是登峰造極、精力充沛的高潮期，怎麼會戛然而逝呢？一般人活到四十歲上下不幸往生，是為「英年早逝」，總比「少年早夭」好一些，當然，誰不想多活幾歲？畢竟人生有限，才活五十歲，就被叫做「半百老翁」、六十歲叫做「耆」、七十歲叫做「耄」、八十歲叫做「耋」、八十八歲叫「米壽」、九十九歲叫「白壽」──百字少一劃、一百歲叫「期頤」。《禮記》：

> 期，猶要也；頤，養也。不知衣服食味，孝子要盡養道而已。

老實說，人要是活到自己不能穿衣進食，必須期待兒孫伺候餵食，縱然長壽，也不見得是享福，倘使又逢兒孫不孝，那才更受罪哩。

根據聯合國有關單位研究分析：至2300年，全球人口將有九十億，而可期待平均年齡至九十五歲。那麼，將來期頤之年的老人滿街趴趴走、百歲的老壽星幾乎是家家戶戶有，「期

頤衍慶」、「期頤偕老」、「期頤聚順」的匾額處處可見了。其實，我國最年長的老壽星該推唐堯的臣子籛鏗，據說他活了七百六十七歲，受封於大彭地方，因此後代稱他為彭祖，要算是世界上最長壽的人瑞了。

　　同樣是人，何以有壽有夭呢？基因的遺傳和先天性的痼疾是最嚴峻的課題，像癌細胞、癲癇、精神病、高血壓、糖尿病、心臟病、肝病等等致命奪壽的惡疾，會代代或隔代相傳，使族人無法戰勝病魔。其次是細菌病毒的傳染和醫療的謬誤，還有就是車禍、打鬥、意外、災禍和自殺，以及戰爭、恐怖活動所造成的大量死亡，而且大多都是年輕人夭壽，實在可惜可嘆！

　　從養生平臺上看來，上面所述的那些致命因素，是屬於無可奈何的、或是不可抗力的結果，再好的養生保健也難以挽回。唐寅的《古硯銘》中有一句「壽夭數也。」數是氣數、劫數、運數，不是人力可以回天，碰上血統上帶有祖傳的疾病基因，那只有認命，氣數該盡，在劫難逃，又能奈何？不過，最令人費解的是有些人血統優良、基因純健，照講應該可以壽終正寢，卻偏偏不加珍惜，從年輕時就自我摧殘：縱欲、酗酒、吸毒、抽菸、熬夜、嚼檳榔、迷網咖、走黑道、玩刀槍、耍勇鬥狠等等不良的惡行，只逞自己一時的爽快過癮，讓白髮人送黑髮人，沒想到父母的養育之恩，糟蹋了生命的意義。

　　冰凍三尺，非一日之寒。年老時的痠痛病症，除了傳染和遺傳的原因之外，大多數都是從年輕時不愛惜身體、不注意保健、不懂得養生所累積下來的沉痾，當初英氣風發、年盛力強，自以為不畏風霜、不避濕熱、暴飲暴食、縱欲無度，即使覺得有點不適，也能咬牙熬過，甚至明知身體有異，仍然自信滿滿，或是諱疾忌醫，隱祕不理，任令病灶生根、病情擴散，

終而一發難以收拾，徒讓花樣的青春年華，在風雨中飄零凋謝，何其淒惻！

所以孔子說：「少之時，血氣未定，戒之在色；及其壯也，血氣方剛，戒之在鬥；及其老也，血氣既衰，戒之在得。」這幾句話對於修身養生均有莫大的啟示和警惕作用。凡是違悖了告誡，青少年可能就會夭殤，中壯年可能就會折壽，老年人可能就會失節。在古代，縱欲好色、狂嫖爛狎，會被認為那只是：

不知持滿，不能保嗇，所生有限，所耗無窮，未至中年，五衰俱見，五脈俱枯矣！

這是明代名儒了凡所說的話，殊不知時至今日，竟增生了許多性病，到處蔓延、傳染。尤以愛滋病毒的肆虐，使無數的年輕人，在片刻激情之後就斷送了生存的機會，孔子要是生在現代，不知道該對青少年提出怎麼樣的忠告啊！

儘管莊子曾說：「富則多事，壽則多辱。」人們還是寧願多事多辱，也要追求富壽。當年楊森將軍九十六歲生日時，聽到友人祝賀他壽登期頤，他還勃然不悅，結果還是超越不過一百歲。老人的生命，猶如風中燭、晨間露，要擋得住風吹和日晒，才能持續延長，根據高雄市社會局對四十七位百歲以上的人瑞調查發現，他們的養生方法是：菸酒不沾、早眠早起、不發脾氣、沒有煩惱、飲食清淡、多做運動、中藥食補。日本也調查了三百位人瑞的養生之道，歸納成三點；一是不熬夜，作息定時；二是不暴飲暴食，營養均衡；三是不患得患失，心胸開朗。這些看來並不特別，實行也不困難的養生要領，問題就在於能不能持之以恆罷了！有詩為證：

松壽鶴年人人愛，短折夭亡誠可哀！
有恆養生才長命，自己作孽最不該。

35. 飢飽七分

　　嬰兒剛出娘胎，就會吸吮奶水，吃飽之後，就會閉嘴不吮。可見飢食渴飲、飽厭飫停，乃是天性，不過，如果吃得超量、餓得太久，對身體的健康影響甚巨，所以養生平臺上提出忠告；吃到七分飽，餓到七分飢，食不過飽、餓不過餐，是保健的基本原則。

　　明代名儒李笠翁在其所著的《閑情偶寄》中說：

> 欲調飲食，先勻飢飽。大約飢至七分而得食，斯為酌中之度，然七分之飢，亦當予以七分之飽，寧失之少，勿犯於多。

　　這就是筆者再三呼籲飲食要維持「三高五低七分飽」的來由。〔三高即高纖維、高鮮度、高鈣質；五低即低糖、低鹽、低脂、低刺激、低膽固醇。〕這七分飽和七分飢，是每個人自己的感覺，就是不要吃到飽，譬如應該吃兩碗飯才感到飽足的，那麼就吃一碗半即可，不要把胃填滿，多少要保留若干未飽之感。過去有人開玩笑說喜歡吃水餃的人總是一口一個，也不曉得吃了多少，吃完之後，一彎腰繫鞋帶，喉中就冒出一個餃子，表示他已經吃得滿到了喉頭。現今市面上有很多自助餐式的飯館，任君吃到飽，真是害人不淺，大家都挑選價值最貴的、膽固醇最高的菜餚大吃特吃、無不吃得不能再吃為止，人人挺著大胃走出來，還猛打飽嗝，自以為是吃回了票值，賺

到了便宜，其實呢？卻是吃了大虧、付出了慘重的代價還不自覺。

還有人知道晚餐有一頓豐富的美食，於是就不吃午餐，餓著肚子，等到晚餐大吃一頓，這一頓又吃得太飽，一夜沒得好睡，第二天早餐和午餐都不想吃，這種吃一餐可以省三四餐的吃法，從養生的立場來看，那簡直是不可思議的事。

這個「飽」字，是「食充其腹」的意思，飽字常和「飫」字並提，《千字文》中有「飽飫烹宰」的句子，飫是吃得很多的意思，古人站著進食也叫飫，坐下來進食叫宴。食物填滿了胃，在未消化完畢之前，就不想再吃，也無法再填，如果每天三餐都把胃腔填塞得滿滿的，使胃部的蠕動產生困難，胃酸分泌吃力，長期如此，即便是鐵鑄的胃，也無法永不磨損，所以貪饞吃得太飽，實在是有害無益，慢性自殘。

吃得過飽固然有損，挨餓也不會好受，相信很少人沒有挨餓的經驗，飢餓時會全身顫抖、四肢無力，再不進食，可能會餓死。《爾雅‧釋天》：

穀不熟為飢，蔬不熟為饉，果不熟為荒。

原來所謂「飢饉」和「飢荒」是有分別的。甚至連飢、餓、餒也有異處；《孟子‧告子》：

飢餓不能出門戶。

《四書逸箋》：

蓋飢而至餓，故不能出門戶。

可見餓比飢嚴重，所以《韓子》云；「家有常業，雖飢不餓。」飢大概是三餐沒有吃飽，餓則是很多天沒有進食，難怪《淮南子・說山篇》云：「寧一月飢，毋一旬餓。」因為飢還可以勉強維生，餓則會致命，是故古文僅有餓殍，而不說飢殍。今人也只說「餓死鬼」，而未言「飢死鬼」。至於餒，則是指處在飢餓狀態之間，《孔子家語》：「絕糧七日，弟子餒病。」所謂餒病，就是被飢餓所困，四肢無力，奄奄一息。

蘇東坡有一篇短文《措大吃飯》，寫得很傳神，所謂措大，指稱一般不被賞識的士人，含有輕慢的意味，年老的讀書人叫老措大，貧窮的讀書人叫窮措大。短文說：

> 有二措大，相與言志。一云：我生平不足惟食與睡耳，他日得志，當吃飽了便睡，睡了又吃飯。一云：我則異于是，當吃了又吃，何暇睡耶？

短短幾句，把窮措大被飢餓的感受寫得可笑可嘆。的確，沒得吃挨餓受不了，有得吃過量害身體，這飽與飢，必須調適均勻，過與不及，均非所宜，別以為這每天三餐，吃飽喝足，沒有什麼了不起的大學問，那就錯了。唐代名醫孫思邈在其《千金要方・食治篇》中云：

> 夫萬病橫生，年命橫夭，多由飲食之患。飲食之患，過於聲色。聲色可絕之逾年，飲食不可廢於一日。

這話一點也沒有錯，誰都知道「病從口入」這句話，可是仍有好多人吃出病來。因此孫思邈又在《養性篇》中提到：

善養性者，先飢而食，先渴而飲。食欲數而少，不欲頓而多，則難消也。常欲令如飽中飢、飢中飽耳。

這就是「多餐少吃」，不要「集中猛吃」、「暴飲暴食」，肚子經常保持飽中飢、飢中飽、半飢餓、半飽飫的狀態。東晉名醫葛洪在其《抱朴子》書中也強調說：

不欲極飢而食，食不過飽；不欲極渴而飲，飲不過多。

有些人不太注意這一點，常常因事忙誤了餐時，等到肚子餓得咕咕叫、手腳微顫時才去進食，進食時又是狼吞虎嚥、吃撐喝脹，這種生活方式，難怪消化系統的疾病，幾乎沒有多少人可以倖免。有詩為證；

美味珍饈勿貪饞，暴飲暴食最不好。
若要健康活到老，三高五低七分飽。

36. 禍福無門

「禍因惡積，福緣善慶。」這是梁代周興嗣《千字文》中的兩句名言。

禍，是災難、凶荒、不幸、損害等等人們不願意遭遇的事故，包括天災和人禍，也就是自然與人為的災難，像南亞的地震和海嘯，臺灣的颱風和豪雨，是大自然給人類帶來的天災，在劫難逃，無法倖免，至於人為的災難，那就更多了；從戰爭屠殺到恐怖活動、文明傷害到細菌傳染、毒品蔓延到刀槍氾濫、道德淪喪到人心險惡，都會為人類製造出無窮的災禍，直接或間接的枉送多少生命、斷害多少健康、增添多少悲劇，這些都是人類自作自受的成果，所以俗云：「天作孽，尚可為；自作孽，不可活。」

至於福，大家都知道那是稱心、得意、吉利、庇祐、安寧、享受等等好事，人們無不祈求賜福、享福、得福、有福、來福、添福，做個有福氣的人、有個很幸福的家庭、而且夫妻生活要有性福、眼睛常有眼福、嘴巴要有口福、耳朵要有耳福、還希望遇到豔福，享受齊人之福，到老了要有晚福、清福，大門楣上還貼上「五福臨門」四個大字，那就是根據《書・洪範》中所列的壽、富、康寧、攸好德、考終命為五福，另有明儒張潮在其《幽夢影》書中所提的另類五福：

有功夫讀書謂之福，有力量濟人謂之福，有學問著書謂之福，無是非到耳謂之福，有多聞直諒之友謂之福。

　　可見人們要求的福，項目繁多，真是貪心不足。

　　無庸置疑，人們都有避禍而迎福、求福而去禍的心理，但是，世事蒼茫、人心惟危，不如意的遭遇十常八九，祈福而福不至，消禍而禍屢來，所以有很多人都埋怨老天沒有眼睛、上帝太不公平，為什麼我就這樣倒楣，別人就那麼幸運？殊不知福並不是求得來的，禍也不是躲得掉的，《千字文》中說得好：福乃是積善而來，禍乃是行惡所積，這兩樣極端的現象，卻是水火同源的，老子說：「禍兮福之所倚，福兮禍之所伏。」天然災禍雖然可怕，畢竟沒有人為的災禍那麼頻繁，試看火災、車禍、槍擊、凶殺、鬥毆、陷害、拐騙、綁架、詐欺、勒索、敲詐、毒癮、強暴、濫交等等幾乎隨時都在發生，給人們帶來喪生損命的災禍，《淮南子》云：

　　禍之來也，人自生之；
　　福之來也，人自成之；
　　禍不妄至，福不徒來。

　　這幾句話，說得簡明扼要，值得人們深思。

　　誠然，禍是人自生之：不德、疏忽、口出、口入、粗心、惡行、壞心、嫉妒、貪婪、奸詐、暴躁、乖戾等等都是禍源。《說苑》還有兩句很獨特的名言：

　　禍生于懶惰，孝衰于妻子。

　　這真是極為深刻的人生體認，懶惰的習慣的確可能招致許多災禍：臨睡懶得巡查門戶和廚房，可能就有被偷與失火之禍；平時懶得運動和體檢，可能就有疾病纏身之禍；車輛懶得

保養，可能就有車禍；颱風懶得防範，可能就有水禍；飯後懶得刷牙，可能就有牙痛之禍……。第二句尤其觀察入微，許多男孩子在未娶妻之前，常伴父母膝下、晨昏定省，一旦有了妻子，一切唯妻子是命，把父母拋諸腦後，妄談什麼孝順了，類似的例子，在友儕中俯拾即是，不足為怪，這也跟《老子》所說的邏輯相符，做父母的以為娶媳婦是喜事，準備享受含飴弄孫之福，焉知禍隨福至，首先是兒子的孝心消失了，接著是兩老為了照顧頑皮的小孫子而累得骨頭都要散掉，吃盡苦頭還得裝成很幸福的樣子，這不就是「福兮禍之所伏」嗎？

站在養生平臺上來看禍福，須要宏觀調控、冷卻處理，否則就會禍不單行，福無雙至，賠了夫人又折兵，壞了事情又損身。有些人遇上得意之事，就會忘形；碰上失意之事，就會喪志，這就中了「福與禍同門，利與害相鄰」的圈套，像一盤撞球一樣，永遠在福與禍、喜與悲的框架中撞來撞去，永無止境。

我國古代的學者對於人生禍福，研究得非常透澈，所以懂得勞謙謹飭、節義廉退的法則：得意之事不再往，拂心之事不介意，一切以平常心處之，讓時光撫平心波意浪，熄滅妒火欲燄，免得禍福相因，循環不已，「塞翁失馬」就是一個最典型的範例。人生旅程之中，時而康莊、時而坎坷，原是常態，用不著因福而喜極，因禍而頹喪。因為「福生有基，禍生有胎，」兩者都不是從天而降，而是人們自己找來的，所以有句成語說得明確：「禍福無門，唯人召之。」所不同的乃是福少禍多，福難禍易，原來福不盈皆、禍溢於世，處處陷阱，人人權謀，走在街上，揀到錢包鑽石的福氣少，碰到車禍扒手的噩運多，何況許多禍端都是人們自作自受的成果！為了養生保健、安寧順遂，更應該認清生活的要領，謹記福不是祈求來

的、禍不是躲避掉的，平常多留意、多行善，福會隨貌轉、禍
乃由心生。有詩為證；

  惹禍常因搬口舌，招災多為黑心腸。
  禍福無門人自找，得失隨緣歲月長。

37. 閑忙有為

　　閑暇與忙碌，是日常生活作息的現象，但是無論是閑或是忙，最好都得有所為而閑、有所為而忙。《禮記》：「養其身以有為也。」在養生平臺上看人生的匆忙與閑散，也與身心健康息息相關，絕不能等閑視之。

　　閑與閒這兩字通用，主要是指二物之間的閒隙；從門縫裡還看得見門外的樹木和月亮，或是樹影和月光能從門縫中照進門裡，必然是門扉沒有緊閉，留有隙縫，因此用來形容人們在處理諸多重疊的事件中留下一些空檔，就叫做閑暇或空閑，如果騰不出一絲空隙，就叫做忙碌或匆忙，所以常聽人們說忙得喘一口氣的時間都沒有，那真是忙翻了。

　　在現代化都市中的人，每天莫不為了生活而忙碌，各行各業、青少老年，從早到晚，一年到頭，幾乎都閑不下來，有一首流行歌叫《忙盲茫》，說出了瞎忙、茫忙的無奈，頗為傳神，有人忙得沒空看病，以致積勞成疾；有人忙得不可開交，以致親朋疏離；有人忙得沒空戀愛，以致誤了終身大事；有人忙得晨昏顛倒，以致形容憔悴不堪。梁啟超有一篇《人生目的何在》寫得好：

　　嗚呼，可憐！世人爾許忙，忙個什麼？所為何來？

　　他說：

那安分守己的人，從稍有知識之日起，入學校忙、學校畢業忙、求職業忙、結婚忙、生兒女忙、養兒女忙，每日之間，穿衣忙、喫飯忙、睡覺忙，到了結果，老忙、病忙、死忙。忙個什麼？所為何來？

至於那些不安分守己、野心勃勃的人，更是忙上加忙、忙中有忙、日忙夜忙、手忙心忙。連我那幾個三五歲的小孫子每次都沒有空接我的電話，問他：在幹什麼？我在忙！忙什麼？忙玩！你說氣不氣人？

真的，現代的人每天汲汲忙忙、匆匆忙忙、碌碌忙忙、急急忙忙，浮世忙忙螞蟻陣，花間匆匆蜜蜂群，命犯勞碌的人，註定要忙到躺平為止。其實，人生以服務為目的，忙並不是壞事，如果懂得調適搭配，忙裡偷閒，鬆弛身心，蓄勢待發，不但可以成事，而且有益養生。就怕瞎忙一氣、沒事找事、忙成一團、越忙越亂、忙得沒頭緒、沒目標、沒意義、沒價值，還忙出紕漏、忙出毛病來，那就模糊了人生的焦點，扭曲了生活的意義。

世間人事，猶如地球表面，總是崎嶇不平的，所以有的人終生忙碌、矻矻營營，僅得溫飽；卻另有人一輩子遊手好閒，無所事事，不知勞累，沒啥可忙，因此有人常叫忙得吃不消，有人卻大嘆閒得太無聊，實在不公平。其實，太忙與太閒，均非養生要領，《菜根譚》說：

人生太閒，則別念竊生；太忙，則真性不現。

這還說得太抽象，應該改為「人生太閒，則怠惰懶散；太忙，則體衰氣弱。」別以為俗語有云越忙越起勁，那只是短

程的現象，終歸是要付出健康的代價。至於太閒，也會閒出病來，所謂閒愁、閒悶、閒氣、閒話、閒邪、閒散、閒雜等等，莫不是因閒而生。歐陽修的「下雨乍晴花自落，閒愁閒悶日偏長。」元好問的「閒中日月病中身，寂寞相求有幾人？」都是敘述太閒的心情、無聊的意緒。

持平而論，閒與忙猶如天氣之晴與雨，晴而無雨就會乾旱；雨而不晴就有水災，一個人太忙固然辛苦，而且損耗健康；太閒也會招致墮落沉淪的危機，所以在年輕力壯的時候，寧可忙而不閒，但須懂得忙裡偷閒，以紓解緊張忙碌的壓力；到了年紀漸長的退休階段，就不能再忙個不休，這時就應該閒而不忙，而且也要懂得閒中找忙，以提振閒散委靡的惰性。明代陳繼儒的《小窗幽記》提醒閒人：

> 清閒之人，不可惰其四肢，又須以閒人做閒事：臨古法帖、溫昔年書、拂几微塵、洗硯宿墨、灌園中花、掃林中葉。覺體少倦，放身匡床上，暫息半晌，可也。

其實，清閒時可做的事何止這些！光是家務事就做不完，最忌諱是坐在沙發中看電視，像一尊不動天王大菩薩，那就糟了。

古人偷得浮生半日閒，就感到無比愉悅，何況可以整日整月清閒無事，那該有多麼舒適！宋代程明道有詩云：「閒來無事不從容，睡覺東方日已紅，萬物靜觀皆自得，四時佳興與人同。」這種修持，可說是真正享受到了清閒的韻味。還有王維的行到水窮處，坐看雲起時，偶然值林叟，談笑無還期。這種境界，真如閒雲野鶴，毫無掛礙，把清閒的質素表露無遺，令人神往。

　　忙了大半輩，也應該安享清閒之樂了，何必還要去自找麻煩、沒事找事？《小窗幽記》中寫得貼切：

　　閒居之樂，快活有五：不與交接，免迎送之禮，一也；
　　終日觀書鼓琴，二也；睡起隨意，無有拘礙，三也；不
　　聞炎涼囂雜，四也；能課子耕讀，五也。

　　人生能懂得享受清閒之樂，才不辜負早年忙碌之苦，也不違悖養生的基本要領，何樂而不為？故曰：

　　閒中覓伴書為貴，身外無求睡最安。
　　忙要忙得有意義，閒要閒得不懶散。

38. 淨垢難容

有一句成語叫「涇渭不分」，比喻不辨清濁、不分善惡。原來源出甘肅的涇河水質相當清淨，當它流入陝西和水質渾濁的渭河會合時，河面水道一清一濁，分別得非常明顯，因此古人引用來譬喻為人品行的忠奸良窳、是非黑白，宛如涇渭分明，一目了然。不僅如此，就是在人們日常的生活習慣上，也有清潔衛生與骯髒邋遢的分別，猶如涇渭二水，難以相容。

大家都知道，淨是乾淨、整齊、清潔、衛生的意思，用現代醫學的名詞來說，就是無毒沒菌。垢則是不潔、骯髒、污濁、汙穢的意思，因為汙垢會含有細菌、毒素、和異味，極易傳染疾病，所以被視為不衛生、不整潔，是落後無知和野蠻貧苦的象徵。可是，人上一百，形形色色，在芸芸眾生之中，偏偏就有人很不衛生，不愛乾淨，在日常生活上，可以多日不沐浴、不洗頭、不換褻衣、不刮鬍鬚，襪子是臭的、衣領是黑的、枕頭巾是油膩的、床鋪上是髒亂的，還自以為不修邊幅、不拘小節是瀟灑飄逸、風流名士，殊不知連個人衛生都搞不好的傢伙，遑論還能夠處理其他公共事務了。更何況身上不乾淨，就會增生垢泥皮屑，如果不加清滌去除，就會淤塞堵住皮下腺的孔口，使皮膚失去排洩汗水的作用；進而容納細菌的繁殖和寄生蟲的蔓衍，而且還會散發令人不快的異味，古早時代很多人的身上會有虱子、跳蚤、臭蟲、頭蝨等寄生蟲肆虐，皮膚上常有疥瘡、頑癬、痢痢、疔癤、痱子、疽瘍、紅癢等等毛病，幾乎都是由於環境不衛生、個人不乾淨所滋生，更嚴峻的

是吃進不潔的食物，「病從口入」，也不知道會招致多少要命的疾病，可笑的是居然還有一句口頭禪說「不乾不淨，吃了沒病！」你說氣不氣人？

更氣人的是有不少人既不愛乾淨、不講衛生，卻又要裝成很整潔、很光鮮的樣子，表面上粉刷太平，裡子中齷齪骯髒，尤其是有些婦女，你看她頭髮染色、臉頰抹脂、身上華服、指甲塗丹、還時時照鏡補妝，不斷噴洒香水，乍看確是相當豔麗，但是在嫵媚的背後，卻隱藏著驚人的現象；胸罩褻衣、被褥床單久未換洗，房間衣櫃、廚房廁所雜亂不堪，只顧到表面上看得見的乾淨，不管那些別人看不到的部位有多骯髒，這叫做自欺欺人的表面功夫，真令人搖頭嘆息。

當一對男女在戀愛期間，雙方必定會特別注意儀容整潔；男的沐浴刮鬍、更衣梳頭，女的濃妝豔抹、撲粉噴香，好一對俊男美女，天生匹配！等到婚後，既為夫妻，還要那麼講究麼？於是原形畢露，本性裸裎，誰淨誰垢，涇渭分明矣！如果夫垢妻淨，還有挽救的可能，因為愛乾淨的妻子會要求甚至強迫丈夫更改垢習：「不洗澡今晚就不准上床！」「內衣換下來給我去洗！」「先去洗手再來吃飯！」像這些口頭命令，往往會讓髒鬼無法抗拒，勉強服從，仍可維持一個像樣的家庭，反之，倘使愛乾淨的先生娶了一個垢妻，那問題就比較麻煩了，先生下班回家，看到的是亂七八糟的景象；沙發椅子上堆滿了衣物，坐都沒有地方坐，推開臥房，更是滿目荒蕪，一股異味撲鼻而來，那又該怎麼辦？涼拌！如果夫妻倆臭味相投，都不重視衛生整潔，那可好，彼此彼此，誰也不會嫌誰，那個家的景象，不想可知。當然，倘使夫妻都很愛清潔，注重衛生，其居家內外，必然是整整齊齊、清清爽爽，無庸置疑。

為人立身處世，最起碼的條件就是修身，其間搞好個人

衛生、養成清潔習慣、保持整齊儀容、遵守公共道德，是不可或缺的生活規範，也是養生平臺上最基本的保健要素，吃再多的補藥唯他命、做再多的氣功太極拳，而忽視了清潔衛生，那細菌病毒，照樣如影隨形，大舉入侵，非但難以修身，恐怕連性命都難保。

所以潔淨與污垢，是涇渭分明的，不可以混淆不清，舉手之勞，就可以保持整潔，既利己又利人，為什麼就做不到呢？譬如吃飯前要洗手、外出回家第一要務也是洗手，只是這一件小事，很多人都無法養成習慣，真是可嘆！須知許多細菌大都藉由手指傳染，如果能夠經常洗手，可以減少許多病痛，何樂而不為？

污垢骯髒會引發致命的危機，所以有「髒鬼」、「髒死人」、「邋遢鬼」等稱號，至於清潔整齊，則沒有不雅的稱呼。不過，倘如清潔過度，會被名為「潔癖」，與人難以相處，因其要求整潔的程度，超乎常人，成為病態，故稱潔病。《文海披沙》載：

> 古今潔疾，莫如庚炳之、王思徵、米南宮、倪元鎮。

《宋史·米芾傳》：

> 芾好潔成癖，至不與人同巾器。

據說王羲之也有潔癖，所以每次寫完書法，必定要把筆硯拿到池邊去洗乾滌淨，結果整池的水都被洗黑了。

由此可見，任何事過與不及，均非所宜，即便是淨與垢，也是如此。故曰：

個人衛生莫小看，養成習慣並不難。

外表內在都乾淨，整齊清潔保安康！

39. 痛癢相關

痛與癢，都會致命，否則人們也不會常嚷「痛死我了！」「癢死人啦！」

我們身體上有兩百萬到四百萬個「痛點」，專司痛覺，分布全身，和「冷點」、「壓點」、「熱點」等相互錯雜分列，所以只要痛點受到刺激，我們就會感受到程度不同的痛覺，小痛還可以忍受，大痛可就難以忍耐，當某部位的痛楚指數高過另一個部位時，小痛就不大感覺了。不過每個人的忍痛的耐力各異，因此有人遭受輕微的痛覺，就會驚駭痛哭、甚至暈厥；有人卻極具耐痛的能力，如史載三國時代的關雲長割股刨骨，仍然談笑自若，令人起敬，這些現象，固然與心理作用有關，但是也與身上的痛點的分布網和靈敏度有密切的關聯。

小孩子最怕痛，尤其是對打針注射最為敏感，我有個三歲小孫子到醫院注射每年一針的疫苗，第一次在屁股上打了一針，痛哭號啼，不能站立走路，必須由護士阿姨抱出來。第二年又要注射，一看見白衣護士就開始緊張，護士阿姨還認識他去年痛得不能走路的模樣，於是在嚎啕大哭聲中改在手臂上打了一針，小傢伙竟翹起一隻腳，表示屁股痛得無法行走，把護士阿姨逗得啼笑皆非，只好又得抱他出來。可見痛楚應該有兩類；一是肉體上的，一是心理上的。

肉體上的痛楚，又有急性與慢性兩種：急性的痛來得突然，去得忽然。而慢性的痛，最難令人消受，因為它如「緩歌慢舞凝絲竹，盡日折磨痛不足。」而且已成為現代人的文明

病，它雖不至於立即把人痛死，但卻可令人痛不欲生，根據外國資料顯示：平均每四個人當中就有一人會承受超過半年以上的慢性疼痛。常見的慢性痛包括腰痠背痛、肩膀痠痛、關節痠痛、頭痛、五十肩、三叉神經痛以及因傷害造成的肌肉韌帶疼痛等，還有六十歲以上的人幾乎都受到退化性關節炎痛的困擾，說起來做人真是不容易，要忍耐皮肉上之痛，還要承受心理上之痛，所謂痛入骨髓、痛不欲生、痛心疾首、痛苦不堪、痛哭流涕等等，都是令人心悸的形容詞，只有當事人，才體會得到痛楚的滋味。韓愈〈與李翱書〉云：

> 如痛定之人思當痛之時，不知何能自處也。

事後追思以前之痛苦，真會不寒而慄。

在養生平臺上看身心的痛覺，除了就診服藥之外，還要謹防止痛藥對肝、胃、腎的副作用，其實治痛的方法還有物理治療、音樂療法、打坐禪修、心理諮商、溫泉泡澡，以及保持心情愉快、睡眠充足、適當運動等，記住「痛則不通，通就不痛」這兩句話，挺管用的。

晉代嵇康的〈養生論〉中說：

> 夫口之於甘苦，身之於痛癢，感物而動，應事而作。

人身會感到痛癢，與感物應事有關，而且痛癢也是相聯的，小痛如癢、大癢似痛、又痛又癢、癢中帶痛，這些感覺，曾經患過疥瘡、疔癤、凍瘡、濕疹、癩痢、皮癬等皮膚病的人，才能心領神會那種況味，才會體悟「痛癢相關」的感受。不過，我們必須注意的是千萬不要小覷了癢的可怕，當全身發

癢之際，其威力不亞於痛疼，恨不得多長出幾隻手才夠搔抓。
筆者有一年在美國可能是對花粉起了敏感，全身奇癢，而且浮
起朵朵紅斑，狀極可怖，寢食不寧，日夜焦躁，恨不得一頭
撞牆，堪稱「癢不欲生」。折騰了十來天，中藥西醫，雙管齊
下，後來也不曉得是什麼藥治好的，可是留給我一個刻骨銘心
的印象，那就是癢比痛還難受，癢時必定忍不住用力抓，非要
搔到皮破血流仍不罷手，結果是既痛又癢，癢中帶痛，皮下有
如許多毛毛蟲在爬動，其癢深入心坎，真想一死了之！

　　皮癢的原因，除了皮膚疾病所引發之外，其他如因食
物、藥物、化學物質、塵蟎、蚊叮、蟲咬、氣溫變化、情緒波
動、壓力加大、疲勞熬夜等等，都可能導致。此外，如果體內
有某些疾病：如內分泌疾病、肝病、腎病變、血液病變、懷
孕、內臟惡性腫瘤等，都可能引發皮癢的副作用。

　　一般中老年人，每年冬季就會全身發癢，遇寒則大癢，
回暖則稍緩，皮膚乾癢、脫皮、紅疹，夜裡在被窩中大事發
作，猶如萬蟲鑽身，癢入心腑，雙手同時猛抓，越搔越癢，難
以安睡，會把人折磨得心悸頭暈、癢不欲生，對健康損害極
巨。近年來筆者也親自體驗這種冬季之癢的況味，苦不堪言，
起初，我用很燙的熱水泡澡，燙得全身舒暢，如仙如醉，騰雲
駕霧，快活無比，不幸的是燙後越來越癢、越癢越抓，整夜難
眠，後來只好去醫院求診，才知道冬季之癢主因是皮膚乾燥
以及血液循環欠佳所引起，所以必須維持皮膚的滋潤、勿讓角
質層的水份和脂肪散失，切忌用肥皂擦洗、用熱水泡燙、不要
天天洗澡、保持室內的濕度和溫度，而且勿食辛辣刺激性的食
物，才可以減少冬季癢的痛苦。所以說：

　　痛死人來不稀奇，癢會要命勿小覷。

飲食起居多留意，沒痛沒癢是福氣。

40. 嫖賭雙羸

　　從養生平臺上來看嫖妓和賭博，其結果一定是損傷身體、招惹病災，所以叫雙羸，與雙贏正好相反。〔羸音若雷，是瘦弱貪困、疲憊衰敗的意思。〕

　　俗言「嫖賭飲」是男人敗身毀家的三大陷阱，可是仍有許多人往火坑裡跳，前仆後繼，根據二○○四年六月臺灣中研院的一項調查報告：將近五分之一的臺灣男性，約一百七十五萬人曾經嫖妓，這個數字，真會叫人嚇一大跳。

　　嫖妓，也叫狎妓、逛窰子、玩婊子、泡酒女，現代又叫性交易、闖綠燈，反正就是除了夫妻關係之外的男女透過金錢交易而遂行的性愛行為，淫邪動作，都可謂之「嫖」。這檔子事，是跟隨人類文明而俱來，而且是在上層社會中盛行，美其名為「名士風流」、「青樓韻事」、「紅粉佳人」，試看古人對名妓的推崇和愛戀，簡直是匪夷所思：飛絮落花、羅裙翠袖；買笑樓前、迷香洞裡；關中第一、都下無雙。許多詩人詞客，也不曉得寫下了多少贈妓、別妓、觀妓、送妓的佳句雋篇，流誦千古，越是繁華盛世，嫖狎的現象就越普遍，從皇帝到平民，莫不「色不迷人人自迷」。

　　在女權日盛的今天，雖然兩性交易的行情也出現了午夜牛郎、應招猛男等等品牌，但是主流市場仍然是以男性顧客為主。其實生物界中幾乎都是雄性主動追求雌性，造物者創造生命之初，就賦予生物一種熱愛交配以延續繁殖後代的使命，試看那雄螳螂為了享受較長時間的性愛，寧願把自己的肉體充當

雌螳螂的餐點，也不肯停止做愛；雄蜘蛛也是痴情公子，明知進入雌蜘蛛的閨房是自投羅網，卻依然奮不顧身，為了嘿咻，寧可在片刻銷魂之後，把整個身軀都奉送給心愛的做點心；海裡的墨魚也是一樣，在集體性愛中，雄的莫不竭盡精力，一直到筋疲力竭，統統沉屍海底為止；人類還算是比較聰明的，雖然也自詡「牡丹花下死，做鬼也風流。」但是畢竟是高等動物，懂得「留得青山在，不怕沒柴燒。」

食色性也，一般人到了青春期，無論男女，都受荷爾蒙的影響，都有性欲，那是健康人的正常現象，應以平常心看待，已婚或是有固定的性伴侶者，可以正常發洩；但是單身或是伴侶因故遠離、懷孕、重病時，據泌尿科大夫說：「不妨在性欲高漲難耐時，用自慰的方法解決。」切忌偷腥與嫖妓，偷腥會有無窮的後患；嫖妓不但自己可能感染性病，而且還會禍延妻兒，像梅毒、淋病、非淋菌性濕疣、軟性下疳、疱疹、愛滋病等，均極可怖，所以嫖妓之前，應該三思！

與嫖並稱的賭，也是養生平臺上的一大陷阱，它是人性醜陋的表徵、貪婪的真相，賭客都想贏錢，小贏還想大贏、輸了還想翻本，贏了錢就大吃大喝、嫖妓狎玩；輸了錢就東借西湊、連偷帶搶。絕大多數都是十賭九輸、久賭必敗，非但輸了金錢、輸了時間、輸了品格、輸了尊嚴、還會輸掉健康，聚賭時污濁的空氣、侷促的空間、煙霧繚繞、鉤心鬥角、刺激、緊張、熬夜、疲憊都是養生的大礙，可是人們卻偏愛賭博，尤其是生活在臺灣島上的居民，更是嗜賭如命，除了賭場中形形色色的賭具、還有簽六合彩、球賽賭、選舉賭、鬥雞賭、鬥狗賭、政府也公然帶頭賭大樂透、刮刮樂，真是人人都賭，處處在賭，時時可賭，大賭小賭，明賭暗賭，日賭夜賭，真賭假賭。據蔣毓英的《臺灣府志》載：

不肖之子，挾資登場，呼盧喝雉以為快，以一聚兩、以五聚十，成群逐隊，叫囂爭鬥，皆由於此。至於勝者思逞，負者思復，兩相負而不知悔，及家無餘貲，始則出於典鬻，繼則不得不出於偷竊。臺習：父不禁其子、兄不禁其弟，當令節新年，三尺之童，亦索錢於父母，以為賭博之資，遂至流蕩忘返，而不知所止。

可見臺島賭風之盛，其來有自，當年只有四色紙牌、骰子、牌九、麻將、劈蔗等，那有今日賭具、賭法、賭資之驚人進步？怪不得有人因為欠下賭債無法清償而被討債公司的人綁走；或因被逼走投無路而自殺；或鋌而走險去幹強盜，不但毀了個人的大好前程，也連累妻兒家人，更增添社會亂象，的確是一項相當嚴肅的問題。

不過，近來有不少銀髮族，喜歡相聚作方城之戲，以牌會友，早九晚五，賭資甚微，談笑用兵，茗酒並重，雖然形似賭博，實則衛生麻將，不傷神、不熬夜、不破財、不緊張，有些醫生還鼓勵老年人要參與方城之會，可以延緩老年痴呆症、憂鬱症和健忘症的發生。筆者有一位老師患了蛇腰症——疱疹，疼痛久治不癒，醫生吩咐說：「回去打麻將，可以忘掉痛。」可見老人麻將與一般的賭博竟有如此的功過之別！

總之，在有為之年迷於美色、涉足賭場，都違悖了養生的基本要領，亟須懸崖勒馬，回頭是岸。故曰：

色字頭上一把刀，賭者身旁債臺高。
一時刺激千古恨，畢生幸福付波濤！

41. 晨昏定省

晨昏，也叫朝夕、旦暮、早晚，也就是白天與黑夜的銜接處、人們起床與就寢的作息點。《禮記》中說「晨昏定省」的意思是指：

> 凡為人子之禮，冬溫而夏清，昏定而晨省。

寒冬要使父母溫暖、酷暑要讓父母涼爽；昏定是每晚把衽席定位鋪好；晨省是每晨要請安問好，這是做子女的每天早晚必要的禮貌，不過有人把「晨昏定省」解釋為「早晚一定要向父母問安。」省是察看、問候、覺悟的意思，這樣解釋很符合現代子女早晚要向父母說早安、晚安的習慣，而且還頗合養生平臺上的要求，專指每天晨昏必須審視瞭解確定自己的身心狀況。

朱柏盧《治家格言》起頭就說：

> 黎明即起，灑掃庭除，要內外整潔；既昏便息，關鎖門戶，必親自檢點。

這幾句話看似平常，箇中卻涵泳了深邃的人生哲理與安居準則。

所謂「黎明」，是天將亮的時候，在黑夜與白天的交界處，也就是凌晨，東方天邊泛起魚肚白的時刻，就該起床了，

諺云；「早起三光，晚起三慌。」能夠黎明即起，可以從容不迫地做妥好多事情，如果貪睡晏起，就得手忙腳亂、匆促慌張，何況凌晨空氣新鮮、環境清靜，適宜做任何事情；讀書最易記、思考最透澈、創作最敏銳，尤其是早操運動最合式，可使肺臟吸取新氧、排換碳氣，頭腦清爽、精神煥發，所以有一句成語說：「一日之計在於晨。」是很有道理的。

　　可惜時下一般年輕人，不懂得黎明時節的珍貴和價值，居然把大好的晨光浪費在枕頭被窩裡，能多賴一分鐘也好，一睡就睡到日上三竿，非得等到鬧鐘打了三通鼓，才心不甘情不願地爬起來，還真羨慕「春宵苦短日高起，從此君王不早朝」的唐明皇哩！晚起的結果是諸事不遂，忙亂緊張，為了趕時間上班上課，早餐往往來不及進食，很多人都是空腹灌進一杯咖啡，就匆匆上路，四肢的筋骨還未通聯活動、腦部的血液尚未順暢流通，眼睛還沒有完全睜亮看清，迷迷糊糊、懵懵懂懂地就開始迎接一個上午的工作，然後枵腹硬撐到中午，才有一碗飯進胃，實已太遲！要知道腹中的食物，經過一整夜的消化之後，胃囊中已經清倉，亟待補充進料，如果清早來的是一杯牛奶、一碗稀飯或是兩片麵包、一盅豆漿，那該有多好！豈料湧進來的竟是一杯咖啡，讓胃壁四周必須概括承受那咖啡因的刺激，日復一日，長年累月，那怕是鋼鐵鑄成的胃腸，也會被浸蝕得斑剝腐銹，何況是血肉之軀？

　　我們調查所有長壽矍鑠老人，幾乎都有早睡早起的習慣，筆者的老母今年九十八歲，多少年來，都是「黎明即起、既昏便寢」，再冷的冬天，也是一樣，從不賴床，起床後立即盥洗洒掃，片刻不停，早晨七點鐘還不到，就活動完畢，坐在餐桌前等著兒孫們端上一碗地瓜稀飯，數十年如一日，從來沒有改變生活的習慣。宋代愛國詩翁陸游，也是「早起的鳥兒有

蟲吃。」一向都是跟旭日朝陽賽跑，他在八十歲時還寫了一首
《晨起》詩，原文是；

> 老尚貪書課，黎明即下床。不驚天乍冷，更覺意差強。
> 蟾滴初添水，螭爐旋炷香。浮生又一日，開卷就窗光。

　　試想在晨光曦微之中，一位白髮蒼蒼的老人，拿著一冊
線裝書，靠在窗邊就著窗光閱覽，那是一幅多麼美好的畫面！
年輕力壯的人，腦海中絕對浮不出這種情景，姑且不談進德修
業，光說對自己的身心保健，也值得向老人們學習！

　　都市的年輕人，大多數都是夜貓子，晚上不肯早睡，早
晨當然就不能早起，這是惡性循環，把應該上床安息的時間挪
用做活動的時間，甚至透支挪用，熬夜通宵，那真是最嚴重的
自耗行為，對健康的損害，無以復加，許多人的體力，往往就
在華燈的光暈下消失，病魔也就在這夜幕中悄悄地附體，等到
自己發覺到不大對勁時，已經遲了一步。

　　人身的血液循環、穴道脈動，莫不受到天體運行的導
引，日月星辰，晨昏晝夜，寒暑交遞，在在都與人體相關，所
以地球萬物，都配合宇宙運作，應時順勢，人類是地表萬物之
一，卻偏偏憑藉小小的聰明狡詐，不肯配合作息，做出有悖自
然法則的行為，吃虧倒楣的，還是人類自己自作自受。

　　因此，懂得養生的智者，絕不會自不量力去反叛大自然
的規律，乖乖地配合晨昏作息的生活習慣，不敢造次。尤其特
別注意早晚氣溫的變化，地氣的升降和體溫血壓的互動，絕不
隨便讓晨昏輕易地從身邊溜走，充分掌握早晨旭曦的清新，作
永續的補強工作；利用黃昏短暫的晦魄，做一天的反省功夫，
這樣，就沒有白白地糟蹋了一個晝夜。正所謂；

早睡早起精神好，晨昏順序莫顛倒。

不知孝親與自愛，有愧生活在寶島。

42. 敵友難分

幾乎無人可以自誇說：我只有朋友沒有敵人。

我們看神聖的宗教家如釋尊、耶穌；睿智的哲學家如孔子、蘇格拉底；偉大的政治家如孫中山、甘地等，都少不了敵人，何況一般的凡夫俗子？在世間為人，不管做好人或是做壞人，都有人看不順眼；無論是做好事或做壞事，都會有人譏罵。有時在不知不覺中得罪了旁人；有時是為了主持公理，仗義執言，結果是又增添了幾許敵人；為了延續下來的家仇國恨、或是利益衝突、或是理念相左、或是誤會衝突，似乎都可能產生敵人。有人統計，在我們心中形成敵人的原因有十項：打過我、罵過我、害過我、奪過我、欺過我、侮過我、棄過我、譏過我、勝過我。凡是曾經如是對待過我的人，都會在心扉上鏤下一道刻痕──是我的仇敵！可見敵人都在我的心中；同樣地，我曾經如是對待過別人，那麼我也成了別人心中的敵人，甚致外表上還是好朋友，內心裡卻視為仇敵，暗中較勁，彼此這樣互相敵對、明爭暗鬥，沒完沒了，難怪社會上時時刻刻都會有鬥毆、吵架、爭執和暴力的事件發生。

在養生平臺上來看樹敵的結果，是損人不利己的，因為一般人心中有了仇敵的蹤影之後，情緒和修養都會產生變化；心情悒鬱、煩悶、焦躁、憤恨、恚怒、瞋怨、甚致緊張、悚懼、不安、敏感，這些現象，必然會使生活錯亂、疑神疑鬼、情緒惡劣、精神恍惚、內分泌失調、消化系統故障、心跳加劇、血壓升高、夜裡失眠，於是，身心健康日漸損耗，免疫力

系統的功能開始銳減矣！

　　事實上，人上一百，形形色色，世間殊少絕壞與絕好的人，最壞的人也有其優點與貢獻；最好的人必有其缺點與過失，如果你刻意挑剔旁人的缺失，世上將沒有一個值得交往的人；如果你存心發覺別人的長處，就會覺得擁有好多朋友。所以有一個相對論的公式：你把他視為仇敵或友人，他必然也同樣相視於你。除了少數別具用心、頑冥不靈的異類，絕大多數的人都會投桃報李、禮尚往來的。孔明七擒孟獲、張飛義釋嚴顏，就是最好的「化敵為友」的例子。

　　誠然，敵人和朋友有時候是很難分的，昔日很好的朋友，可能變成今日的敵人，張耳陳餘是代表人物；往日對頭的仇敵，後來也會變成好友，廉頗藺相如是典型例子。有人結交滿天下，可是知己無幾個；有人交友三兩人，卻都是肝膽相照之交，所以朋友可多可少，但求一二知心；敵人越少越好，最好心中無敵。唯有拋開敵對意識、揚棄仇恨根苗，才是養生保健、立身處世的最高境界。

　　也許有人會說：他老是欺侮我、譏笑我，使我恨之入骨，怎能不把他視為敵人？不錯，世上這類事故的確不少，遇到這種霸道不講理的人，除了忍耐，還是忍耐，把他看為無知的混混，否則，就得遠離他，斷絕來往，如果採取以牙還牙、以暴制暴，那就形成循環作用，冤冤相報，永無止境，就養生的觀念來看，那是非常不智的表現，既傷神又損體，得不償失。

　　能夠化敵為友，那是至高的境界；如果化友為敵，那就是愚不可及了。要知道樹敵不易，交友也難，因為朋友之中，有損友與益友；猶如敵人也有損敵與益敵一樣，損敵使我氣餒敗亡；益敵令我奮發圖強，「國無外患者恆亡」這句話的道理

越長壽越快樂

就在於此。人如沒有一個競爭的對手、敵對角色，可能也會失去雄心壯志、防禦能力，所以無論敵友，都須經過選擇，保留益友益敵，揚棄損友損敵，這樣無論是對於立身處世、或是養生保健，都有裨益。

由此可見，在我們的人際關係中，有朋友也有敵人，而且是友中有敵、敵中有友、非友非敵、亦敵亦友，非常複雜，尤其是現代社會混亂，人心險惡，萬一交上黑道兄弟、吸毒哥們，那真是「一失足成千古恨，再回頭已百年身。」

但是，慎交並非不交，只是勿要濫交，人生在世，不能沒有友人，而且還要有各方面的朋友，除了損友之外，益友是多多益善。友誼不僅可以調節感情、增進智能、排解紛爭、砥礪切磋、互通有無、彼此照應，古人說：在家靠父母，出外靠朋友。其功用之大，僅次於父母，豈可孤家寡人，沒有朋友？前賢甚至認為在不同的場合要結交不同的朋友，才能相得益彰。清代張潮在其《幽夢影》中說：

賞花須結豪友、觀美須結淡友、登山須結逸友、泛舟須結曠友、對月須結冷友、待雪須結豔友、把酒須結韻友。

又說：

對淵博友，如讀異書；對風雅友，如讀名人詩文；對謹飭友，如讀聖賢經傳；對滑稽友，如閱傳奇小說。

用書籍來比喻友人，真是再也沒有更恰當的了。

諺云：「一貴一賤，交情乃見；一生一死，乃見交

情。」交友要知心，去敵要心寬，不是敵人，就是朋友；既非
朋友，自非敵人，所以說：

多樹敵人多生氣，生氣必定傷身體。
四海之內皆兄弟，最大敵人是自己。

43. 善惡果報

積善之家，必有餘慶；心惡之人，必得報應。

誰都知道，要做善事才是好人，心腸險惡的一定是壞人，所以善與惡幾乎是人類品質的分水嶺，善人受人敬愛，惡人被人唾棄。

但是，嚴格說來，善與惡受到時代文明進步的影響，有時很難分辨，定義也很難概括，因為好人與壞人是比較出來的；邪惡與正義是相對存在的，況且所謂好人偶爾也會有邪念和惡行；壞人偶爾也會有善念和良知，善人並不一定全善；惡人也不一定全惡，為善為惡，只在一念之間。

依照佛陀的說法；貪、瞋、痴是善惡的根源，不貪、不瞋、不痴者就是善，反之則惡，所以佛教勸人「諸惡莫作，眾善奉行。」而且一再強調：

福在積善，為善必福；福雖未至，禍已遠離。
禍在積惡，為惡必禍；禍雖未至，福已遠離。

不過在我國歷史上，自古就有人性本來就是善與天生就是惡的兩種學說：孟子主張凡人都有為善的天性，應該把性本善的觀念擴大解釋；荀子則主張凡人都有為惡的天性，應該設法制裁，使惡性不致於為害。這兩派學說爭論到宋明，才由陽明學派所主張的「格物致知」大致得到一項折中的結論，正如《龍溪語錄》中所載《天泉證道記》錢緒山云：

無善無惡心之體，有善有惡意之動。
知善知惡是良知，為善去惡是格物。

這四句結語把本性描述得非常清楚，因而結束了千年來的論戰。

一般人都相信自己是好人，應該要做善事，誰也不願意被人家視為惡人，但是社會上的壞人仍然是多如牛毛，所謂惡霸、惡棍、惡徒、惡少、惡魔、惡人為什麼這樣多呢？分析起來，大概跟外在的環境有很密切的關係，物欲的誘惑、權力的吸引、利益的爭取、威嚴的樹立，往往會令人迷失了自己的良知，被貪婪自私的心理所操縱，為了滿足自己的欲念，想盡方法去攫取別人的利益，不顧別人蒙受損失，也就是把自己的欲望寄託在別人的痛苦上，如果遭到抗拒，立即惡形惡狀、惡言惡行相向，碰到這類角色，大多數人都會退讓隱忍，息事寧人，只能在心目中將其視為惡人，畏而避之，如此姑息養奸的結果，反而令其食髓知味，膽子越來越大，誤認為是理所當然，正所謂「惡向膽邊生」了。

從形形色色的惡行看來，有些人為惡是無心的、無意的、偶發的、自衛的，事後頗有愧疚之意；有些人卻是存心的、故意的、經常的、侵犯的，事後毫無懺悔之心，這就是意念初始的動機論，它也可以作為惡行程度與實質的裁定參考。同樣地，世上也有許多善人善事，動機各有不同：有的人藉行善以沽名釣譽，因此唯恐不能擴大宣揚，廣為人知；有的人卻在暗中默默行善，不願張揚，唯恐被人知曉；有的人只是一時興起，援手助人，做了善事，過後即忘；有的人是為了許願或報恩而行善，藉以彌補內心的虧欠；有的人是隨波逐流，看到

旁人行善，也就追隨響應，所以善人行善的動機，同樣可以決定善行的真偽與虛實。

因此，社會上有許多真惡與假惡，也有真善與偽善，我們不能以偏概全，或一視同仁，更不能像兒童看戲，只有好人和壞人的分別。

然而善與惡又跟養生有什麼關聯呢？在養生平臺上，善惡與身心的健康，是有因果關係的，我們看心地善良、慈悲為懷的人，常常默默行善，為別人解除困難、濟急排紛、熱心公益、推己及人，這些人的內心裡一定是充滿了愛意與熱情，很少有怨恨與恚怒，內心坦坦然、心情悠悠然，毫無掛礙、沒有仇讎，他的情緒定然非常穩定、血壓必然非常正常、免疫系統一定非常健全、日常生活肯定非常規律，那麼，他的心身必定非常健康。反之，如果是心地陰險、刻薄成性、兇狠暴戾、寡情無義的惡人，表面上好像神氣十足、威風凜凜、橫行霸道、飛揚跋扈，實際上卻是孤獨寂寞、心如懸旌，由於平時樹仇既眾，敵對者多，難免怕人報復，必須時時提防、處處吊膽，所謂「平時做了虧心事，聽到門鈴就吃驚。」這樣日夜都繃緊了心情，過著風聲鶴唳、草木皆兵的生活，血壓怎能不高？情緒怎能平穩？心跳怎能正常？免疫系統怎能健全？對養生保健簡直就是一大諷刺。

古人說：「善惡之報，若影隨形。」為善不求善報，乃是真善；為惡沒有惡報，時辰未到，果報的方式很多，還會禍延子孫，屢驗不爽。《螢雪叢說》：

> 善惡若無報，乾坤必有私。此古語也；善惡到頭終有報，只爭來早與來遲。此古詩也。

為人能牢記這兩句古語古詩，終身受用無窮。故曰；

惡行終究瞞不住，為善不必令人知。
存心為惡天難饒，默默行善神佑之。

44. 安危相易

《莊子‧秋水》云：

> 察乎安危，寧於禍福；安危相易，禍福相生。

這幾句話，大有學問，值得重視，乍看之下，安與危是
兩個極端的、相反的際遇，怎能互相易位而處呢？這就是莊子
思想的精微獨到之境，令人佩服。

安，是安寧、安泰、安好、安康等等使人安居樂業、安
身立命的意思，也是人們所祈求的生活方式；而危正好相反，
危急存亡、危如累卵、危機四伏、危崖絕壁，也就是危險不
安，人人都避之唯恐不及的生活環境。這兩種情境如何相易？
說來似乎話長，但是安危相易的現象卻如翻書那樣，不斷地在
人間交遞互易，循環不已。

我們從「天道輪迴」和「物極必反」這兩句成語來解釋
安危相易的動力，也許還比較簡單；人間事都超越不了宇宙的
圓形循環法則，樂極生悲、苦盡甘來、盛極而衰、否極泰來，
所以安與危猶如兩具火車頭，在弧形軌道上相背而馳，繞著圈
圈奔馳，遲早都會碰頭相接，善駛者會把圓圈無限擴大，延緩
交會的時間，不會駕駛的人卻把圓圈縮得很狹窄，轉眼之間，
就交會在一起，安危互換了。難怪《史記‧李斯列傳》云：

> 趙高曰：安可危也，危可安也，安危不定，何以貴聖？

這是說一個國家政權，安全時可能產生危險；危機中可能轉為安全，如果是不安不危、似安似危，變幻不定、難以捉摸，那才不好應付。對個人的際遇來說，何嘗不也如此？當處在安樂窩中享受時，也就是危機正在窩外徘徊的時刻，可能轉眼之間，就會風雲變色；當身處艱困、在危難重重中掙扎奮鬥時，只要堅持雅操、不折不撓，可能立即化險為夷、轉危為安。這樣比喻，相信盡人皆知。所以《易•繫辭》曾云；

> 君子安而不忘危，存而不忘亡，治而不忘亂。

這真是警世之言，值得時時警惕自己。

事實上，我們生在世間，幾乎無時無刻不處在危機之中，從呼吸的空氣到飲水和食物，那一項沒有細菌、農藥、防腐劑、化學毒素和有害添加物？只要免疫力稍弱，就得致病；在路上隨時有車禍的危險、住家裡誰敢保險沒有氣爆、火災、地震的發生？人與人之間何嘗不在鉤心鬥角、汝虞我詐，拚得你死我活、我存你亡不可，恐怖分子、野心政客、帝國主義、武力霸權、族群仇視、階級鬥爭，處處充滿血腥、時時都在惡鬥，普天之下，除了人禍、天災，還有病毒、瘟疫、愛滋、流感，永遠沒完沒了，鋪天蓋地，微小的個人，誰能自知身邊的危機何在？誰能保證自己還能夠安詳多久？

因此古來有識之士，無不大聲疾呼危矣哉！危矣哉！《史記•商君列傳》：

> 君危若朝露，尚將欲延年益壽乎？

〈范雎列傳〉：

秦王之國，危如累卵！

其實，我們幾乎都如朝露累卵，岌岌可危，只是貪圖眼前片刻的安樂，罔顧危機的窺伺，非得等到大難臨頭、身陷險境，還不自知。《世說新語》載顧愷之和殷仲堪、桓玄三個人在談什麼事最危險：

桓曰：「矛頭淅米劍頭炊。」殷曰：「百歲老翁攀枯枝。」顧曰：「井上轆轤臥嬰兒。」殷有一參軍在座，云：「盲人騎瞎馬，夜半臨深池。」

試想：我們現在生活環境如此惡劣、人際關係如此險詐，危機四伏、陷阱無數，大家不是都像盲人騎瞎馬，夜半臨深池嗎？

環境與生活的安危，直接影響到心身的健康，這是毋庸置疑的，但是我們往往分不清安危的界限，也不重視安危相易的軌跡，以致在安樂的現實中不懂得珍惜，遇上了危機又不知所措，結果是安樂時糟蹋了健康、危難時摧殘了體力、不安不危時疏忽了養生，這是大多數人的通病，等到生活渡過危困、創業有成或是策功茂實、鴻圖大展的時候，自己的健康卻亮起了紅燈，無法享受果實的甜美，那真是人生最大的憾事！

因此，在養生平臺看安危的遞嬗，是一件非常嚴峻的、殘酷的現象，一個人不能畢生安樂無虞，也不會永遠沒有危機。「千金之子，坐不垂簷。」這句話應該擴大詮釋為「安樂之中勿忘危機。」不要誤認為唯有千金之子，才應該留意周遭

的危厄，而是在安定、安樂中的任何人，都得預防危機，才可以化險為夷，前賢有幾句話說得懇切，千萬不要以為是老生常談：「貧賤常思富貴，富貴心履危機。」富貴來時如果忘了危機，其結果恐怕還不如當初的貧賤。「無病常思有病，安居每念危機。」勿以為自己身體健壯，從來不曾生病，就毫無保健的危機感，其結果如何，大家不難想像，常常聽說某人壯得跟牛一樣，連傷風感冒都不曾患過，可是消息傳來：某人已經走了！這不是很怪異嗎？其實一點也不，因為他太缺乏養生的危機意識了，還以為自己是異類，永遠活在神仙洞府中哩！是故有詩為證：

　　有錢當思無錢日，無病須念有病時。
　　安危相易如反掌，富貴榮華不可恃！

45. 書畫延年

　　中國的漢字，雖然艱深，卻是世界上最優美、最獨特的古老文字。漢字自古就具有象形的特質，所以書法和繪畫乃有異曲同工之妙。

　　檢視全球文字，唯有漢字是單元化、藝術化、獨音化的，可以橫排豎寫，可作織錦迴文，能與圖畫並排裱褙懸掛欣賞、舉行書法展覽的，也唯有漢字。

　　《漢書‧藝文志》謂漢字原有八體；「大篆、小篆、刻符、蟲書、摹印、署書、殳書、隸書。」歷代改良迄今，剩下通用的楷、行、草三種，其實無論那一體，書寫的技巧都非常近似，一枝毛筆在手，「逞龍騰虎躍之威，肖鶴舞鴻飛之跡。」是書法也是繪畫。宋人朱長文之《墨池編》評顏真卿所書〈顏家廟碑〉云：

> 點如墮石、劃如夏雲、鈎如屈金、戈如發弩，縱橫有象、低昂有態。

　　把書法和繪畫視同孿出，所以許多書法家往往也能作畫，許多畫家的書法往往也是相得益彰的。由於漢字既是書法，又是繪畫，成為一種專門藝術，所以觀賞前人的法帖碑刻，參觀名家的書法展覽，都是欣賞藝術，跟欣賞名畫一樣，具有怡情冶性的功用；至於執筆臨摹，不論是寫字或是作畫，也都是藝術創作，當人們從事這項藝術創作時，會使創作者凝

神秉氣、忘卻雜務，心身都處在忘我的境界，性靜情逸、氣定神閑，這種意境，對於養生保健的功能，是有極大的貢獻。

根據筆者自身的體認，利用習字來默寫唐詩宋詞，實在會有多方面的收穫，既可鍛練記憶力，又可練習書法，還可以鬆弛心緒、解悶排煩。當我感到煩躁無聊的時候，就到書房裡去攤開紙筆，把白居易的〈長恨歌〉或是〈琵琶行〉默寫一遍，馬上會覺得心定神怡、全身舒坦、忘愁卻慮矣。周星蓮在其《臨池管見》中說：

> 作書能養氣，亦能助氣，靜坐作楷書數十字或數百字，便覺矜躁皆平；若作行草，任意揮洒，至痛快淋漓之候，又覺靈心煥發。

的確，經常寫字作畫的人，一定會深有同感，難怪歐陽修有一首〈試筆〉詩這樣說：

> 試筆消日長，耽書遣百憂，餘生得如此，萬事復何求？

所以古代文人，往往「揮毫以抒懷，練字以養性。」這也是養生的一條通幽曲徑啊！

至於繪畫，對於養生功能，與寫字的效果更有過之而無不及，因為作畫的境界更是海闊天空、萬象具呈，運筆之時，移情托意，完全進入忘我的渾然意境，清代唐岱在其《繪事發微》中說：

> 胸中具上下千古之思，腕下具縱橫萬里之勢，立身畫外，存心畫中，揮墨揮毫，皆成天趣。

　　這種氣勢，能使畫者血脈暢流、鬆筋活骨、心神凝聚、忘憂卻慮。《歷代名畫記》中說得更傳神：

　　夫畫者，成教化、助人倫、窮神變、測幽微，與六籍同
　　功，四時並運。

　　寫字作畫，簡直是比做任何健身運動還要有效。
　　清代畫家布顏圖在其所著《畫學心法》中說他畫山水時的情境：

　　迨至凝神構思，則心存六合之表，即忘象焉，眾物不復
　　見矣！迨至抒腕揮毫，神返太始之初，即忘形象，手指
　　不復見矣！形既忘矣，則山川與我心相忘，山即我也，
　　我即山也，無物無我，不障不礙，而宇泰定焉，天充發
　　焉，喜悅生焉，乃極樂也！

　　相信很多畫家在寫畫時都會領略到類似的樂趣，那都是在養生啊！
　　此外，為了書法與繪畫而使用的文房四寶——筆墨紙硯，也成為文人的寵品珍玩，寄情託愛，增添生活上的樂趣，把筆譽為：

　　扛百斛、揮千軍；雕翠羽、鏤文犀。

　　墨為：

　　春黛濕、翠雲流；金壺汁、石燭煙。

紙為：

匹似練、色如綾；雲生潤、雪涵清。

硯為：

穿雲月、出水荷；貯秋光、含古色。

從這些形容詞就不難看出古人對案首清供的鍾愛推崇之情了。

由此看來，書畫的確可以給文人帶來無限的樂趣，這種高尚典雅、曠逸瀟灑的愛好，自然對於心身的保健會產生莫大的裨益，所以喜愛書畫的人，大都長壽康寧，因為他們都在不知不覺之中具備了養生保健的修持，使身體增強了免疫功能，我們檢視一下古今的書畫家，幾乎沒有一個是短壽的，例如：虞世南活到八十一歲、歐陽詢活到八十三歲、柳公權活到八十八歲、顏真卿活到七十八歲，要不是被反將李希烈所殺，他絕對會活到八九十歲、董其昌活到八十三歲、文徵明活到九十歲、包世臣活到八十一歲、袁枚活到八十二歲、劉墉活到八十六歲。近代的書畫家如于右任、馬壽華、張大千、黃君璧等等，都是壽登耄耋、令人敬羨。所以何喬璠在其《心術篇》中說：

書者，抒也、散也，抒胸中氣；散心中鬱也。故書家每得無疾而終。

大畫家倪雲林也感同身受，他嘗說：

　　三日不動筆，又想拿一幅紙來，以抒其沉悶之氣。

　　書畫家藉寫字寫畫來抒散悶氣，排除煩惱，自然就神清氣爽、氣定神閒，怪不得他們非但長壽，而且多為壽終正寢、無疾而逝，這乃是養生的最高境界啊！所以說：

　　揮毫抒懷樂趣多，練字養性精神好。
　　銀鉤鐵劃任意掃，心靜情逸無煩惱。

46. 大小有差

《史記‧天官書》：「大小有差，闊狹有常。」

大和小，在體積上，當然有差別，有些事物，是可以憑感覺或是靠視覺就能夠分別出大小，但是也有許多事物是沒有大小的範圍，所謂「大一」和「小一」，亦即大而無外與小而無內，不是人們的感官就可以辨別得出來的。

一般人大都貪大嫌小；做官要做大官、住屋要住大宅、輩分要當大哥、吃肉要挑大塊、說話愛講大話、經商要發大財等等。反正凡是有利於己的都想擁有最大的，如果不作如此想的人，則成了異類的稀有動物，孔融之所以名垂千古，就因為他四歲時就懂得讓梨，每次都把大梨讓給兄長，自己挑小的吃，他還有一句「想君小時，必當了了。」也為大小做了獨特的詮釋，《世說新語》載：

> 孔融十歲時，隨父詣京師，在長輩面前展露才華，使父摯們大為欣賞，有一位太中大夫陳韙後到，聽了大家的讚美，語帶不屑地說：「小時了了，大未必佳。」孔融立即回答說：「想君小時，必當了了。」使陳韙大為尷尬。

其實，事物的大小，並不能與其價值成正比，況且大的並不一定都是好的，小一點的也不見得就不好，就以體型來說罷，高個子看起來很神氣，可是卻有一句俗語「四肢發達，

頭腦簡單」說成是反應遲鈍的「傻大個」，還不如小個子的
「人小鬼大」，腦筋靈活反應快。所以很多用大字來形容的成
語，不見得都是好話，例如大模大樣、大哭大鬧、大搖大擺、
大叫大罵、大吃大喝、大嘴大舌、大吹大擂、大怒大吼、大鳴
大放、大起大落等等，這大上加大，是誇大的形容詞，即便
沒有加大，僅用一個大字，也好不到那裡去，例如大權獨攬、
大放厥詞、大打出手、大奸巨惡、大而無當、大言不慚、大逆
不道、大難臨頭、大軍壓境、大勢已去、大失所望等等，顯
然，這麼多大，倒不如小巧玲瓏、小鳥依人、小康之家、小試
鋒芒、小心謹慎、以及小心肝、小寶貝、小玩意、小倆口、小
娘子、小登科、小兄弟、小太平等等，這「小太平」一詞有來
歷：宋代陶穀撰的《清異錄》載：

> 郭尚賢嘗云：「服餌導引之餘，有二事，乃養生大要；
> 梳頭、洗腳是也。」尚賢每夜先梳髮後洗腳，方寢自
> 白：「梳頭浴腳長生事，臨臥之時小太平。」

可見這句話和養生是有關係的。

誠然，在養生平臺上來看大小，的確是頗有差別的，而
且也是跟人性貪大嫌小的習慣背道而馳，越大對養生越不利。
先看古人所留下來的遺訓；《呂氏春秋・盡數》云：

> 大甘、大酸、大苦、大辛、大鹹，五者充形則生害矣！
> 大喜、大怒、大憂、大恐、大哀，五者接神則生害矣！
> 大寒、大熱、大燥、大濕、大風、大霖、大霧，七者動
> 精則生害矣！

南北朝時代的名醫陶弘景在其《養性延命錄》中云：

莫大醉、莫大憂、莫大哀。神大用則竭，形大勞則斃。

又說：

罪莫大於淫，禍莫大於貪，咎莫大於讒。

清代名醫程杏軒也說：

養生三戒：大怒、大欲、大醉。

從以上這些忠告看來，養生平臺上是很忌諱「大」這個字，尤其針對人們的酒、色、情、欲這幾方面，切勿圖大貪大，因為越大越傷身害體，就拿喝酒來說罷，本來喝點酒是可以助興驅寒、解悶活血，如果喝得酩酊大醉，久而酗酒成癮，就會酒精中毒、誤事失態、傷肝損胃，如果只是淺斟小酌，不及於醉，既不妨事，又不損身，那完全又是另外一種境界。蘇軾有詩句云；「小醉易醒風力軟，安眠無夢雨聲新。」這一覺醒後，起來時定然神清氣爽，絕不會像患了酒癮的李白〈春日醉起言志〉詩中所說的：

處世若大夢，胡為勞其生？所以終日醉，頹然臥前楹。

那樣渾渾沌沌、荒唐消極，健康都保不住了，還侈言什麼志？

從前有人以「大碗喝酒、大塊吃肉」為豪爽之士；以

「大睡養神、大補強身」為延年之方，事實上又是上了大的當，對身體無益，反而有害，從養生平臺上來看，必須分辨大小的優缺點，什麼事物該取其大，什麼事物宜擇其小，是不能一概而論，也不能只看到大的，而不顧及小的。譬如上面那四句如果將大改為小，成為「小碗喝酒、小塊吃肉」和「小睡養神、小補強身」，就合乎養生之道了。

　　真正有益的大，是抽象的、想像的、隱性的、變動不居的、是存乎一心的。所以一般人所認知的大，並非全部都是好的。凡是自尊自大者，並不真的偉大；標榜為大補特補的食品，不一定真補；所謂大富大貴的大老闆，生活不見得就比一般人快樂；做大官的說不定還不如平民百姓那樣自由自在。老子說：「大直若屈，大巧若拙，大辯若訥。」蘇軾補充兩句：「大勇若怯，大智若愚。」像這樣看不出來的大，才真的是大。所以善於養生的人，是不計較小的，不貪圖大的。《宋史‧呂端傳》有一段記載很有意思：

　　時呂蒙正為相，太宗欲相端。或曰：「端為人糊塗。」
　　太宗曰：「端小事糊塗，大事不糊塗。」決意相之。

　　宋太宗還真不糊塗，選個宰相，如果小事精明，大事糊塗，那國事豈不完蛋？所以說：

　　小的有小的好處，大的有大的用途。
　　小心謹慎總沒錯，大事千萬莫糊塗。

47. 強弱不居

　　世間人事，在一段特定的時空中，固然會有強弱之勢，但是隨著時空的遞嬗，就會有所變更，所以說：強弱是變動不居的。

　　我們從歷史上來看中外的強國或強人，也只有在特定的時空中，風雲際會，稱霸一時、強峙一方，可是曾經何時，竟然土崩瓦解、消失無蹤。所以世上幾乎沒有永遠的強國、也沒有永續的強人。而且，越是強大的消失得越快；越是柔弱的綿延得越久，從動物界的大恐龍，到人類社會的大帝國，莫不曇花一現，只留下化石和遺蹟，而那些微小的動物和弱小的國家，卻依然生存在這地球上。

　　雖然，強人、強壯、強盛、強大是人們所企求與響往的現象，可是並非人人均可稱強，最起碼的條件是要自己的身心能夠健康地活下去，才有稱強的機會。《禮記‧曲禮》載：

> 人生十年曰幼、學；二十曰弱、冠；三十曰壯、有室；四十曰強、而仕。

　　所以人生要能活到四十歲，才可稱為強。遺憾的是人生到了四十歲，生理官能幾乎均已開始走下坡路，逐漸退化，由強轉弱，再強也強不多久了。請看白居易的詩句：「況是血肉身，安能長強健？」任何人到了中年都會有無限感慨。

　　事實上，有了這個「強」字，並不見得都是好事，我們

看平常使用的稱呼就知道；強權、強橫、強幹、強辯、強暴、強梁、強悍、強迫、強姦、強盜、強奪、強制、強佔、強劫、強爭、強霸、以及強人所難、強弩之末、強詞奪理、強顏事仇、強勢作風、強聒不舍、強鄰壓境等等，幾乎沒有一個強是值得稱道的，除了強身、強國、強人等名詞之外，簡直是一無可取，甚至連「強人」這二字，在往昔也是令人不敢恭維的。因爲以前的人是以強盜或是充使偷襲劫掠敵營的勇夫稱爲強人，《宋史・兵志》云：

> 咸平四年，募河北民諳契丹道路，勇銳可爲間伺者，充強人，置都頭指揮使，無事時散處田野，寇至追集，遣出塞，偷砍賊壘，虜財物。

這種人跟現代所尊稱的「女強人」、「男強人」已有顯著的差別了。

站在養生平臺上來看，當然希望全身皆強，就怕虛弱，所以藥局裡陳列許多強心、強肝、強胃、強腎、強腦、強精等等補強增強的藥品，不管有效無效，反正也有很多人相信。但是，真正能夠身強體壯，是靠先天的遺傳、後天的調養兩方面得來，並不是倚賴那些補強的成藥，因為一個人體力的強弱，影響到他的事業與壽命，東漢時代的哲學家王充在《論衡》中提到：

> 夫秉氣渥則體強，體強則其命長；氣薄則其體弱，體弱則命短。

這是說先天的遺傳很重要，不過他僅點出了一半，因為

有了良好的品種，還得有後天的調攝保養，才不會糟蹋優良的基因。後來明代醫學家張景岳在其《景岳全書》中補充說：

> 先天強厚者多壽，先天薄弱者多夭；後天培養者壽者更壽，後天斫削者夭者更夭，兩夭俱得其全者，耆艾無疑也。

先天的遺傳靠父母的血統，後天則需靠生活環境和自己培養調護，這個道理，相信任何人都知道，只是很多人不愛惜自己既得的先天條件，偏偏不懂得後天的養生，以致功虧一簣，仍然不得長壽。

有人先天條件並不理想，生來瘦軀弱質，柔婉虛弱，但是他知道自己的弱點之所在，在後天上謹慎調理、悉心保養，生活有規律，心情放得開，不暴飲暴食，不縱欲耗神，照樣可以延年益壽，反而比那些先天強厚的人活得更久。所以《景岳全書》中特地指出：

> 先天之強者不可恃，恃則並失其強矣！後天之弱者常知慎，慎則人能勝天矣！

怎麼慎呢？張景岳又說：

> 所謂慎者，慎情志可以保心神，慎寒暑可以保肺氣，慎酒色可以保肝腎，慎勞倦可以保脾胃……。

總之，只要小心養生，雖弱不禁風，仍能屹立不移，承受生活的考驗。我們在日常交往的友朋當中，有的人看來身虛

體弱，可是他懂得刻意保養，縱然小病不斷，可是大病不患，數十年如一日，依舊存活在人間；也有的人看來身強體壯、銳不可當，平常連流感都不會上身，但是一旦躺下，就宣告不治，惡耗傳來，還令人難以置信。這種現象，正印證了老子所說的「柔弱勝剛強。」依據老子的看法是：剛強必定走向柔弱，而柔弱卻會轉為剛強，故云：「守柔曰強。」因為「強梁者不得其死。」當一個人意氣風發、睥睨四周、不可一世之時，也正是他頻臨危崖險谷、由強轉弱的時候，誰都擺脫不了這種強而易折、弱而自保的循環法則。

　　上一代的老人，最忌諱人家說：「這孩子最近身體很強壯，很久都沒有害病。」聽到這些話時，會連忙用手指敲擊木桌，嘴裡發出「呸呸」的聲音，表示否定那句話，原來依據經驗，常常是被誇獎之後沒有多久，可能就生病了。這不是迷信，而是強弱不居的法則。是故有詩為證：

　　莫恃自己身體好，吃喝嫖賭胡亂搞。
　　逞能鬥狠強出頭，鐵骨鋼筋也會倒。

48. 飲食有量

　　人自呱呱墮地開始，就會飲食，一直到老，每天都少不了，但是卻仍有絕大多數的人不懂得如何飲食，因而招惹許多病痛、甚至縮短壽命，所以前人一再警告後生晚輩：病從口入，小心飲食！

　　正因為飲食是天天都在進行的例行工作，人們習以為常，所以就不大在意，多吃少吃、冷飲熱飲、或是吃甜吃鹹、呷葷茹素，好像沒有什麼值得大驚小怪的，如果從養生平臺上來看，那卻是非常嚴肅的問題。

　　飲食是兩回事，液體的湯水酒茶的用法叫飲，固體的麵飯果蔬的用法叫食，古來這兩回事是有先後之別的，用餐時先要喝湯或飲酒，然後再食飯夾菜，因此叫「飲食」而不叫「食飲」。我國有些省份還保持這種習慣，不先喝一碗湯，飯菜是嚥不下去的；有些地方則是先吃飯菜，最後再喝一碗湯；也有是吃一口飯就得搭配一湯匙湯水才能下嚥。西洋人吃西餐，也是先上湯再上菜，有人不習慣這種吃法，認為先喝了湯，胃就脹了，還想吃飯吃菜嗎？其實，根據近代醫學界的研究，認為先喝湯、再吃菜、最後吃飯的順序可以讓胃部先有若干飽足感，攝取較少的熱量，最後再吃菜餚和主食，自然就不會吃進太多的熱量，這是非常適合減重排毒的養生原則，我國古代就已知道這種飲食的次序了。

　　《管子‧立政篇》有幾句話：「飲食有量，衣服有制。」這「有量」兩字，大有文章，一般人都是憑自己的直

覺，如果菜味對口，就多吃一碗飯，否則就少吃半碗；情緒興奮，再多也可以吃得下；心緒欠佳，就沒有胃口。因此對於自己的食量，沒有標準，有時撐得要死，有時餓得要命，有時整天不喝一杯水，有時卻猛灌碳水化合物，在這種情況之下的腸胃，怎能不潰瘍發炎？現代的人絕大多數都患有或重或輕的腸胃病，大概都與飲食的順序和質量有關。葛洪在其《抱朴子》中說：

> 不欲極飢而食，食不過飽；不欲極渴而飲，飲不過多。

我們大家幾乎都不太注意這一點，常常餓得全身發抖、渴得脣焦舌乾，才猛吃牛飲。蘇東坡也有飲食方面的心得：

> 已飢方食，未飽先止；散步逍遙，務令腹空。口腹之欲，何窮有之，每加節儉，亦是惜福延壽之道。

這位美食家大詩人，力主「務令腹空。」再好吃的珍饈，也得「未飽先止。」明代李笠翁在其《閑情偶寄》中說得更明白：

> 欲調飲食，先勻饑飽，大約饑至七分而得食，斯為酌中之度，然七分之饑，亦當予以七分之飽，寧失之少，勿犯於多。

這「寧失之少」和「務令腹空」是相同的道理，可惜我們都做不到，總是吃得肚子發脹、猛打飽嗝，才肯放箸。

不但飲食不宜過量，要令胃中互常保持三分淨空，而且

對於飲食的品類，也不能太濃過偏，因為任何一種食物和味道，均有其獨特的功能，所以長期習慣性的重味和偏食，都會造成生理上某一部分的損傷。《抱朴子》指出：

> 五味入口，不欲偏多。故酸多傷脾、苦多傷肺、辛多傷肝、鹹多傷心、甘多傷腎。

又云：

> 多食酸則肉䐃而脣揭、多食苦則皮槁而毛拔、多食辛則筋急而爪枯、多食鹹則脈凝而色變、多食甘則骨疼而髮落。

這些現象，就是傷及內臟的反應，我們不能不有所瞭解。中醫是將食物分為寒、熱、溫、涼四性；辛、甘、酸、鹹、苦五味，針對每個人的體質特性，在飲食方面，必須應有不同的搭配和禁忌，採取「寒者熱之、熱者寒之、溫者涼之、涼者溫之。」所以各人需知自己的體質和宿疾，擷取有助益的食物，當可卻病延年。

同樣地，中醫也強調飲食必須清淡可口、節制定量，《內經》云：

> 飲食自倍，腸胃乃傷。

因為過食超飲是致使脾胃運作失常的主因。2004年《美國醫學期刊》報導；凡是超過九十歲的老人，大都擁有好的膽固醇，所以比較少有心血管疾病，而其他的人普遍都有高血

壓、高血脂、高血糖、高尿酸、高三酸甘油脂等文明症狀，而
這些症狀大都是由飲食不當而來，因此主張：「每餐少吃一
點，可以活得更長。」這句話不是隨便說的，而是科學家以
猴子做試驗，發現被控制食量的猴子，其身上細胞不但存活較
久，而且復健的能力也較強，接著用人類做試驗，得到同樣的
結果，證實的確是節制飲食，可以減少卡路里的攝取，使得身
體比較健康。

　　此外，英國諾丁罕大學最近做了一項「吃不吃早餐與健
康的關係」的研究，發現健康苗條的女性如果經常不吃早餐，
結果壞的膽固醇反而會提高，而且身體對胰島素的敏感度也會
降低，在沒有吃早餐的當天，攝取的熱量反而更多，以致體重
不降反增。因此，基於養生要求，每天還是按照正常習慣；三
餐定時、飲食定量、營養均衡、注重衛生，才是上策。故云：

　　　先喝菜湯再吃飯，營養均衡勿偏食。
　　　三餐定量兼定時，寧可少吃不多吃。

49. 夫妻一體

　　夫妻是人倫的起點、家庭的丕基，由夫妻衍生出來的子女，才有了兄弟姊妹，人類始得繁殖綿延。由於夫妻是男女藉心靈上的愛慰、和生活上的互助、肉體上的需要而結合，所以《韓非子》說：

　　夫婦者，非有骨肉之親也。愛，則親；不愛，則疏。

　　既非骨肉之親，又無宗族之誼，由兩個不同血親的男女結為連理，必須依靠「愛情」為焊錫，「責任」為榫頭，構成一個小家庭體系，否則就很容易拆散。

　　因此，在婚姻生活中，夫妻應該是一體的兩面，丈夫和妻子，都必須付出心血、交出真誠，雙方皆須為對方有所犧牲奉獻。夫妻恩愛不是短暫的表象，而是長期的考驗，再親密的兩個個體日夜相處，誰也避免不了誤解、摩擦、嫉妒與懷疑，所以親密的情感會褪色、恩愛的關係會淡化，新婚前後的海誓山盟、天長地久，就像出生嬰兒的臍帶，早晚都會有乾癟脫落的一天，從這個時候開始，才真正算是夫妻生活的肇端。

　　明《警世通言》有云：「夫妻本是同林鳥，巴到天明各自飛。」古詩也有：「夫妻本是同林鳥，大限來時各自飛。」表示夫妻的分合，易如反掌，這只是指客觀的因素而言，其實還有更多的主觀因素，動輒可能拆散一對夫婦，尤其是近代世風不古，離婚率更高得驚人，對身體的損害、家庭的破壞、人

倫的淪喪、社會的動盪，具有莫大的殺傷力。

　　夫妻仳離又與養生平臺有什麼關聯呢？

　　對大多數人來說，離婚猶如剝了一層皮、也像進了一次加護病房，無論在心理上、生理上、名譽上、事業上、生活上、社交上、親情上，都蒙受難以估量的損害，僅就心理上的打擊，就足以折壽若干年，過往互動的言行、恩愛的烙痕、呢喃的耳語、激情的回憶，睹物思情，舊景懷昔，隨時都會像洪水般沖垮心靈的堤防，不但痛苦，而且懊惱，也許可以自我解嘲；如釋重負，重獲自由，然而那股失落感、寂寞感、自卑感和惘然感，會不斷地從心底捲起千疊浪，如果還有子女監護歸屬問題，那就更如傷口撒鹽，不少男女由於婚姻破裂而心碎神傷、萬念俱灰，以致罹病、沮喪、憂鬱、瘋狂、自殺，這對養生來說，簡直是慘不忍言。

　　所以夫妻之間說養生，首要條伴必須維持婚姻的和洽，否則罔談什麼養生保健，試看一對像怨仇死敵般的夫妻，彼此摧殘、互相激怒，爭吵咒罵，幾無寧日，雙方的情緒和體力，怎能保持正常？

　　《儀禮》云：

　　父子一體也，夫妻一體也，昆弟一體也。

　　父子和昆弟的關係是終生不易、延續後世的，那麼夫妻既然也是「一體」的關係，豈可輕易仳離？古人常以「偕老、同心」；「靜好、和鳴」；「綢繆義切、伉儷情深」；「畫眉京兆、熨體荀卿」等等字眼來比喻夫妻像連理枝、比翼鳥、並蒂蓮、雙飛燕，要如何才能達到這種境界呢？這當然是一門博大精深的學問，叫做「夫妻學」，到目前為止，還沒有人敢下

筆撰寫。

　　不過，在許多斷簡孤篇中，卻還有不少提示夫妻相處之道的文章，值得虛心研磨，例如下面這〈夫妻生活十不可〉：

　　一不可堅持以自己的生活習慣為主；
　　二不可將不愉快的遭遇帶回家發洩；
　　三不可主張完全由男主外女主內；
　　四不可做出不忠於對方的行徑；
　　五不可將家庭經濟獨斷專行；
　　六不可無端猜疑對方或讓對方起疑；
　　七不可把娘家和婆家分別得太清楚；
　　八不可揭發對方的瘡疤舊痕；
　　九不可在子女或親友面前互相揭短批疵；
　　十不可隨便把離婚一詞掛在口頭。

　　平心而論，如能把握這「十不可」，相信這對夫妻不但日子過得幸福美滿，而且也能白頭偕老，因為它契合了養生之道。

　　夫妻原是由兩個非親非故的男女結合而成，由陌生而相識、而相戀、而相愛、而相聚，這得依賴雙方彼此互相的溝通、尊重、體貼、遷就，所以生活中的一言一行、一舉一動，猶如共臥彈簧床上，一個翻身、一個呵欠，都得考量對方的感受，不能光為自己的方便而隨心所欲。下面這則〈六互相〉，乃是夫妻一體的六隻螺絲釘：

　　互諒相親、互依相愛、互讓相重、互信相敬、互照相顧、互忍相容。

　　瞭解這六句話，琢磨它、實驗它、運用它、實現它，絕
對可以把夫妻鑲嵌在一起，扯也扯不開。

　　婚姻好比打造一把剪刀，夫妻正如剪刀的左右兩片，最
重要的是中間聯結兩片的那枚螺絲釘是否牢靠，它就是愛情和
責任、也就是「十不可」和「六互相」，只要它不鬆脫，刀片
就永不分開，還可剪掉一切阻礙。是故有云：

　　婚姻道上多羈絆，必須妥協加忍讓。
　　切勿輕易說分手，少年夫妻老來伴。

50. 茗茶益身

　　茗，就是茶；茶也叫茗。品茗與飲茶，一般人都不分，其實兩者是有差別的。陸羽《茶經》中指出：

　　早取為茶，晚取為茗。

　　是以採摘茶葉的先後而定名；另外有一說：

　　一芯為茗，二葉為茶。

　　這是以葉片的多寡而正名，不管怎麼說，反正指的都是茶葉。

　　據茶聖陸羽的說法，茶是神農氏發明的。《神農本草》云：

　　神農嘗百草，日遇七十二毒，得茶而解之。

　　可見國人知茶飲茶，其來有自，而且歷史悠久。至於臺灣島上出茶，北部是從清嘉慶（1796－1820）年間，由柯朝氏從福建武夷山引進茶苗，種於瑞芳一帶；南部則是清咸豐（1855）年間，由林鳳池從福建引進青心烏龍茶苗，栽種於鹿谷凍頂山，隨後逐漸擴大種植面積，乃有今日盛況。

　　茶葉演變進步到如今，已有太多種類；依採摘的季節

分，有五月中摘取的春茶、八月中摘取的秋茶、十月下旬摘取的冬茶；依基本茶類分，則有白茶、黑茶、黃茶、紅茶、青茶、綠茶；依再加工茶類分，則有果茶、花茶、緊壓茶等，至於品名稱呼，茶商各盡巧思，爭奇競豔，把茶客弄得頭暈目眩，無所適從。

自古以來，茶就是開門七件事之一，也是待客聚會時不可或缺的飲料，原因是它有多種功能，令人無法抗拒，歷代文人詞客、達官貴人、富商巨賈、以至於平民百姓，莫不藉茶吟哦、以茶迎賓、沏茶交易、泡茶解渴，尤其是有些詩人，為茶寫下了不朽的篇章，使得茶譽更為喧騰。最有名的當推唐代盧仝的飲茶詩，中有〈七碗茶〉留傳茶史：

白花浮光凝碗面，一碗喉嚨潤；二碗破孤悶；三碗搜枯腸，唯有文字五千卷；四碗發輕汗，平生不平事，盡向毛孔散；五碗肌骨清；六碗通仙靈；七碗吃不得也，唯覺兩腋習習清風生。

這幾句把飲茶的功用說得出神入化，奇妙無窮。接著唐代詩僧皎然也寫了一首〈飲茶歌〉，中有幾句這樣說：

一飲滌昏寐，醒來朗爽滿天地；再飲清我神，忽如飛雨灑輕塵；三飲便得道，何須苦心破煩惱？

這〈三飲〉和〈七碗〉有異曲同工之妙。

唐代詩人元稹，流傳了一首寫茶的寶塔詩，甚為難得，堪值一讀：

茶

香葉，嫩芽；

慕詩客，愛僧家；

碾雕白玉，羅織紅紗；

鍋煎黃芯色，盤轉麴塵花；

夜後邀陪明月，晨前面對朝霞；

洗盡古今人不倦，將知醉後豈堪誇。

高濂的《遵生八牋》中更具體地說：

人固不可一日無茶，然或有忌而不飲。每食已，輒以濃
茶漱口，油膩頓去，而脾胃自清，凡肉之在齒間者，得
茶漱滌之，乃盡消縮，不覺脫去，不煩剌挑也。

可見前人老早就已知道茶葉有多種功能，經過現代科學
的實驗，果然證實茶葉的確是具有多功能的養生飲料，因為
它含有「類黃酮」、「氟化物」、「兒茶素」、「維他命Ｂ、
Ｃ」、「多酚類物質」、「ＥＧＣＧ」等等，而這些元素對人體
都會提供各方面的貢獻，根據醫學界的分析，經常飲茶有下列
十項功效：

◎提神醒腦、消除疲勞、生津解渴、增強體力。

◎利於排尿、有助溢汗，降火消暑、清心明目。

◎降低血液中的膽固醇及低密度脂蛋白。

◎防止蛀牙齲齒、幫助消化、去除口臭。

◎強化微血管，減少溢血中風。

◎有抗菌作用，對霍亂弧菌、赤痢菌、病原性大腸菌有

殺傷力。

◎抗拒細胞突變，綠茶中的EGCG有抑制癌細胞生長的效果。

◎可抗老化，延緩衰老。

◎飯後飲之，可降低食物中毒的機會。

◎冬日經常用茶水漱口，可預防流感。

這麼看來，飲茶真如飲用仙水了，然而，因為它並不是草藥，不能立竿見影，必須有恆飲用，才有功效。事實上飲茶會上癮，喝慣了茶的人，是喝不下白開水的；喝慣了紅茶的人，是不想喝綠茶的。而且，喝茶也有禁忌：不宜空腹、睡前、過濃、太燙；勿飲隔夜茶、少喝鋁罐錫包的成茶；莫用茶水服西藥。更值得注意的是有些人士最好不要飲用：缺鐵性貧血者、神經衰弱者、動性胃潰瘍患者、泌尿系統結石者、肝功能欠佳者、經常便泌者、心臟病患者、哺乳期婦女及孕婦。一般人總以為濃茶可以解醒，其實並不好，因為茶因加上酒精，會使心跳加快，心臟不好的人，可要當心。所以說：

飲茶總比喝酒好，生津解渴又醒腦；
利尿降火防蛀牙，殺菌排毒抗衰老。

51. 言聽兩難

　　造物者當初製造人類之初，設計的藍圖顯然出了一點差錯。

　　試想：既要用來飲食，又要負責言語的嘴巴，整天忙個不停，卻只有一個；而單純只管聽聞的耳朵，動也不要動，卻有兩個，以致嘴巴忙中有誤，不是吃進了病，就是說錯了話；而兩個耳朵不但互相爭功諉過，不辨是非，這邊進、那邊出，還經常都在吹風納涼，怠忽職守。

　　「良言一句三冬暖，惡語傷人六月寒。」這由嘴巴說出的言與語，是有分別的：古人是以發端為言，答述曰語；直說曰言，論難曰語；記事為言，為人說為語。現在我們都以「說話」概括言語，問題就在於有人木訥寡言，產生人際溝通不良，不久前臺大二年級的高材生簡士涵就是因為覺得自己口才欠佳，在校人際關係有障礙，竟以自殺手段結束了廿一歲的青春；有人長舌多嘴，又會招惹是非，一言不合，大打出手，甚至引來殺機，報章新聞屢見不鮮。所以說話的學問是非常高深的，會說話的人，四兩撥千斤，寥寥數語，不但排難解紛，皆大歡喜，令人心服口服；不會說話的人，偏偏又要出鋒頭，逞口舌，結果是火上加油，治絲益棼，因此前賢一再提示：勿多言！《孔子家語》：「無多言，多言必敗。」《老子》：「多言數窮，不如守中。」因為話講多了，難免就會漏底，被人看穿，如果表錯了情，會錯了意，用錯了詞，講錯了話，更是當面出醜，事後自己想起，也會懊惱自責、汗顏羞愧。有時一句

話傷了人，或是激怒了人，自己還不曉得已經埋下了禍根惡果，所以與其「多言招災」、「多言惹禍」、「多言取辱」，不如「出門只說三分話，話到舌頭留半句。」免得「口開神氣散，舌動是非多」。

由於人們所說的話相當複雜，所謂「人嘴兩片皮，說話有動移。」舌頭一轉，會說出輕言、妄言、戲言、雜言、巧言、惡言、讒言、訐言、諛言、冷言、謊言、賤言、粗言、髒言等等，甚至「見人說人話，見鬼說鬼話」，因而形成了人們之間的相互攻訐、誣指、造謠、毀謗、揭私、咒罵、挖苦、諷刺、挑撥、戲弄等等招致衝突撕裂的肇因，非但受話的人心情反常，說話的人也會心神激盪，雙方敵對情緒升高的結果，必然有礙養生。所以韓非子曾寫了一篇〈說難〉，把開口說話列舉了十二種難處，傳誦千古。

說話很難，聽話也不容易，因為每個人都有兩隻耳朵，除了入眠，整天都在接收周遭的訊息，什麼話該聽、什麼話不該聽？如何辨別言語的含義？聽了之後該作如何反應？這都攸關生活的品質和情緒的寧謐，多少人愛聽讒言而身敗名裂、多少人誤聽謠言而土崩瓦解、多少人拒聽忠言而功敗垂成、多少人嗜聽美言而喪失自我，古今中外因為人們的耳朵未能善盡聽責而招致敗亡的例子舉不勝舉，只是常人總是怪罪於「病從口入」，而忽略了「禍從耳入」，這是很不公平的論斷，值得我們重新檢討一下。

真的，聽聞是人生一件大事，絕不可輕忽，我們看會聽課的學生成績棒、會聽話的孩子乖寶寶、會聽話的病人復健快、會聽話的領導政績好、會聽話的幹部受器重、會聽話的夫妻感情濃。聆音察理、聽言觀色，是辨認人性的直接感應，聽一個人的語音口氣，大致可以瞭解其身心狀況，《史記‧扁鵲

列傳》云：

> 越人之為方也，不待切脈，望色、聽音、察形。

是故俗諺有云：「聽話要聽音，吃蔥要吃心。」從孔子辦學開了一門「語言科」迄今，大家還只注意到說話的重要性，在大學裡也開了「演講學」、「語意學」、「口語傳播學」、「修辭學」，就沒有關於聽講、聽音、聽話這方面的專門學術研究，以致「言」與「聽」不能並重，導致人際間平添無數糾紛，也使養生平臺上失去平衡作用。

我們看古醫書《素問》中就指出說：

> 好哭者肺病、好歌者脾病、好妄言者心病、好呻吟者腎病、好呼叫者肝病也。

聽一個人常發出的聲音去判別他的體能，先得訓練耳朵的聽能，善聽者可以從對方語言的音質、音調、音量、音率、音色諸方面去揣摩語意的內涵，作為正確應對的依據；不會聽音察理的人，往往好壞不分、忠奸莫辨、甚至「聽人穿鼻、被人唆使」或是「言者諄諄、聽者藐藐」，這樣的人，大多失敗。

《漢書‧刑法志》云：

> 五聽：一曰辭聽，二曰色聽，三曰氣聽，四曰耳聽，五曰目聽。

原來觀察審判一個人，單憑耳朵的聽能還是不夠，必須

多管輔佐，才能發揮極致的功能，可見其難度之高。

　　不過，如果上了年齡，加入銀髮族之後，對言與聽的觀念，就必須有所調整，才符合養生的要領，有一句古話可作參考：「不啞不聾，勿作阿翁。」老人家最好是裝聾作啞，聽而不聞、聞而不語，少干預、少介入子女的生活圈，才可以圖個清靜，修心養性，免得增添煩惱，多惹是非。故曰：

　　招災只為長舌頭，失敗常因軟耳朵。
　　謹言慎聽是非少，裝聾作啞樂趣多。

52. 貴賤無常

貴往往與富聯姻，賤每每與貧孿生。

自古以來，富與貴是親戚關係，富了就可以用錢捐官，做了官就可以致富，相輔相成，相得益彰。賤的肇因則由於貧寒，人窮志短、志短卑賤，越貧越賤、越賤越窮。不過，偶爾也有貴而不富、貧而不賤的人，那只是稀有動物。

貴是人人所羨，高貴、尊貴、顯貴、富貴，是多麼可貴！人間一品、天上中臺；珮含玉潤，毫染爐煙；拖玉象笏，鳴珂犀簪；高冠陪輦、驅轂振纓。用現代的情況來說，則是位居要津、權霸一方；貼身保鑣、跟車隨扈；享受特權、坐領高薪；身兼數職、足跨產官。這樣生活的方式，就叫做貴。

賤是人人所棄，下賤、卑賤、低賤、貧賤，是多麼可憐！室如懸磬、地無立錐；河上枯魚、枝頭饑鳥；床嗟金盡、囊訴錢空；鳩形鵠面、垂頭喪氣；弓肩縮背、獐頭鼠目；愁眉苦臉、心勞日拙。人的生活一旦捲進貧賤的漩渦，就很難擺脫，除非自我奮發、堅貞惕厲，才不致於沒頂。

不過，俗語說：「貴不過三代，貧也不過三代。」雖然不見得都是如此，可是事實上的確也有一些道理。我們看很多達官貴族，第一代飛黃騰達、聲勢烜赫；第二代踵事增華、前呼後擁；第三代嬌生慣養、揮金如土，到了這般情景的子孫，不但身體損壞了、志氣喪失了、家業頹敗了，還能保持富貴顯赫嗎？

同樣地，貧窮人家只要懂得刻苦奮鬥、安貧樂道，子女

能夠吃苦耐勞、澡身浴德，不出三代，必能開創出一番事業，奠定良基，拋棄貧賤的包袱。

所以貴不足恃，賤不必悲，縱然財貨和名分有貴賤，只要人格和品行保持水準，堂堂正正為人，職業和身分就無所謂貴賤。《荀子·王制》有云：

> 水火有氣而無生，草木有生而無知，禽獸有生知而無義，人有氣、有生、有知、亦且有義，故最為天下貴也。

可見只要能好好做人，就是宇宙之貴，何必奢求名器顯耀不可？因為「富貴如浮雲。」飄聚無常，況且富貴並不等同快樂，不貴反而恬淡安逸，享受人生。詩僧寒山有詩云：

> 富貴疏親聚，只為多錢米。貧賤骨肉離，非關少兄弟。

別看那些顯貴門前車水馬龍，家中高朋滿座，還不都是附炎趨勢、有所冀求而來？想躲都躲不掉，一旦解職失勢，立即「門前冷落鞍馬稀」，先前那些常客，如同「昔日王謝堂前燕」，不知四散飛到那裡去了。

證嚴上人嘗云：

> 人生何謂富貴、何謂貧賤？佛陀說：不肯布施是貧，遮蔽別人善根是賤；自我慳吝且嫉妒，阻擋別人布施，就是徹底貧賤之人。

這是以宗教的立場看人生；至於儒家則認為：

誰能得貴？德行孝思。誰能得賤？失德不孝。

最淺顯的詮釋有四句話：

若問前世因，今生受者是；若問後世果，今生做者是。

這也就是因果報應的道理。

的確也是，貴與賤是變動不居，更遞無常的，端看人們採取什麼態度應對，宋代名臣呂蒙正，年輕時父母雙亡，家道貧寒，日食僧寺，夜宿破窯，連小和尚都瞧不起他，但是他貧而不喪其志、賤而不忘上進，終於考取進士，兩次拜相，位極人臣，貴封國公，曾經寫下一首傳誦千古的詩：

鶉衣百結不堪縫，一片飛西一片東。
朝怕嶺頭雲蔽日，暮驚洞口鵲呼風。
半升米粟無能買，滿腹文章總是空。
幾度欲投江海去，術人許我有三公。
人貧志短語言低，馬瘦毛長無力嘶。
得意貓兒雄似虎，失群鸞鳳不如雞。
龍游淺水遭蝦戲，虎落平陽被犬欺。
命理未逢君且待，困龍自有上天梯。

這首詩，堪為身處貧寒之境的人們借鏡，「命理未逢君且待」，千萬不要灰心喪志，務須奮發圖強，終有否極泰來的一天。

宋代還有一位宰相李邦彥，人稱「浪子宰相」，他的母親非常賢哲，《宋史》載：

李太宰邦彥父曾為銀工，或以為誚，邦彥羞之，歸告其
母。母曰：宰相家出銀工，乃可羞耳。今銀工家出宰
相，此美事，何羞焉？

這幾句話說得好，銀工貧賤，兒子能做宰相，是多麼榮
幸的事，有什麼可羞的？如果宰相家的子弟出了銀工，那才值
得慚愧哩！所以由賤變貴必須靠自身努力，英雄不怕出身低；
由貴返賤也是自己所造成，失群鸞鳳不如雞，後悔不如奮發圖
強，力拚東山再起。

為什麼說富不過三代呢？從養生平臺上也可以看出端倪
來；一般人很容易「得意忘形」、「玩物喪志」，以致做出了
很壞的榜樣，不但損傷了自己的身體，也寵驕了子女、教壞了
下一代，我們看貴顯人家的子弟，那一個不是趾高氣揚、席豐
履厚、不可一世的樣子？這種紈袴子弟，焉能克紹父裘、光耀
門楣？不敗家毀業已經算是祖先有德了。

所以無論貴賤，對於養生保健，應比一般人更要符合要
領，貴時最易驕奢淫佚或是養尊處優；賤時最易困苦勞頓或是
懷憂喪志，能夠掃除這些慣病惡習，自然可以保貴脫賤，安度
人生。故云：

貴似浮雲賤如煙，成敗由天也由人。
學得養生隨緣過，不忮不求度此身。

53. 愛恨交加

　　愛與恨，是人們心緒表現的一體兩面，猶如一枚硬幣，正反兩面呈現不同的圖案，而區隔的分界線卻只有一圈窄狹的邊沿，當正面朝上時，反面必定被覆蓋在底下，也就是當人們心中充滿了愛時，恨就被覆蓋住了；反之，愛就被泯沒了。人們的心緒常常會受到主觀和客觀的影響而變動不居，宛似一枚旋轉中的硬幣，是正反互見的，一旦停止下來，呈現在上的如果是反面的圖案，那麼，正面就被蓋在底下無法看見了。

　　從上面這個比喻看來，可以瞭解我們每個人的心緒中肯定有愛也有恨，所不同的只是經常呈現在上面的是愛多還是恨多，正足以註定這個人的命運和性格。我們所謂的愛，也就是憐、親、寵、慕、惜、仁的意思；所謂恨，也就是怨、憾、悔、恚、憤、毒的源頭，一般人都免不了會受到以上這些心理因素的操縱，而從言行舉止上表現出來，有時愛多恨少、有時恨多愛少、有時愛恨分明、有時愛恨交加，不過，大致可以概括地分為四種典型：

　　無愛有恨是病人，有愛有恨是常人，有愛無恨是聖人，無愛無恨是痴人。

　　愛與恨，同屬煩惱的媒介、苦樂的起因，也是喜怒的溫床、病痛的源頭，一般人提到愛與恨，總以為就是男女間的愛恨情仇，「愛到深處無怨尤」；「此恨綿綿無盡期」。其實，

愛恨除了異性情感之外，還有對事物、環境、禽獸、草木、魚蟲等等有形無形的意識反應，所以愛又有小愛和大愛、私愛和博愛、寵愛和慈愛、溺愛和仁愛之分；恨也有忌恨、仇恨、妒恨、怨恨、痛恨、暗恨等等，「百種相思千種恨」，「眉上萬重新恨，竟日無人問。」真是千恨萬恨，恨到無窮無盡。

　　認真說來，愛是無怨無悔的付出；恨是無時無刻的折磨。如果是導源於自私佔有、生理衝動、勉強無奈的愛，到頭來必定會發酵變質，釀成恨酒。因為這愛與恨的元素和基因極為接近，稍一不慎，猶如翻轉中的硬幣，立刻就會現出另一面的圖案來。所以人們應該把握這個原則：「愛要愛得有意義；恨要恨得有道理。」千萬不能濫愛、亂愛、錯愛、雜愛，必要時要能割愛；更不該遇到稍不稱心如意就恨天、恨地、恨人、恨物，必要時要能釋恨。須知世間最討厭的人也會有他可愛的一面；最卑微的人也會有他值得尊敬的地方。一味地盲愛可能導致痛苦，無端地怨恨必然造成傷害，所以我們寧可在愛河的淺灘上嬉水，切勿到恨海的波濤中衝浪。

　　「人飢己飢，人溺己溺。」這是大愛精神，可能只有慈善家才做得到；「以慈止怨，以愛止恨。」這是慈愛精神，只有宗教家也許做得到。星雲大師說：

> 愛人猶如愛己，恨人猶如恨己，助人猶如助己，害人猶如害己。

　　這是觀念的提示、修持的啟悟，一般人是很難達到這種境界的。

　　無論如何，愛總是柔和的、溫暖的、如同肥沃的泥土，可以滋長萬物、融溶一切；也如慈祥的母親，可以孕育生命、

撫育子女。只要內心裡有愛，會從目光中照射出來、會從聲調中流露出來、會從動作中顯示出來、會從生活中反映出來。如果內心充滿了恨，同樣地，也會從言行舉止和眼神臉色中顯露無遺，想偽裝隱瞞也不容易。

在養生平臺上看人性的愛和恨，是涇渭分明、得失顯著的，不管是身處被愛或是愛人的友愛、情愛、親愛、慈愛的環境中，在心理和生理上都有養生的功效，有助健康長壽，因為有愛的氛圍，不僅會產生安全感、自信心、愉悅情，同時會使生理上的飲食、消化、吸收、循環、生殖、分泌、排洩、和免疫系統都處在最佳運作狀態之中，定然會增強抗壓力、抗疲勞、抗病菌的體能。戴爾‧卡內基曾說：

> 或許我們不是聖人，無法去愛敵人，但是，為了我們自己的健康和快樂，至少讓我們從諒解開始學習愛人。

達摩難陀法師有一首短詩說：

> 內心有愛時，四周將環繞著光明。內心有愛時，每句話都帶著歡樂。內心有愛時，時光將輕緩而甜蜜地流逝。

這跟我國宋儒程顥的「靜觀萬物皆自得，四時佳興與人同」兩句詩意極為雷似，可見哲者的見解大都是略同的。

至於懷恨記仇，正是愛的反面，它是一種心靈中的毒素、意識中的病菌，會使人的心智弱化、情緒波動、精神壓抑、觀念偏差，如果不幸鑽進了「恨之入骨」的牛角尖，就會咬牙切齒、咒詛毒誓，變得行為反常、心理異常、生活失常、喜怒無常，整個心靈都被病菌毒素所侵蝕，日夜都在為了如何

消除心頭之恨而承受煎熬，於是內分泌開始紊亂、消化系統開始耗弱、血壓調節機能開始失調，動脈硬化、高血壓、糖尿病、心臟病、潰瘍病、失眠、躁鬱等等有損健康的毛病接踵而至，無異是慢性自裁，難怪歷來有不少人會「含恨而終。」故有詩云：

　　愛似芳菲沐春風，恨如毒素注心中；
　　咬牙切齒終須歇，海誓山盟總成空。

54. 有無相生

「有無相生，難易相成。」這兩句是老子的名言。

乍看起來，這話似乎有點矛盾，其實不然，箇中學問可深奧得很哩！

原來有與無要從形而上和形而下兩方面來詮釋，它有抽象的有無與具象的有無。譬如人們在情緒意識上感受心中愛恨情仇的有無，是抽象的；人們摸摸自己皮包中的鈔票硬幣的有無，是具象的。所以談到有無，並不只是指「形而下」的有或沒有，還包括了「形而上」的有或沒有。

按照哲學家莊子的說法：「『有』不可能用『有』來產生『有』，必定要出自『無有』，而『無有』就是一切全都沒有。」這話很費腦筋，簡言之，就是宇宙萬物生於有、有生於無，物極必反、否極泰來，這是循環不已的物質不滅定律，說來太複雜，暫且不提，我們只以粗淺的觀念來看「有無」對人生的影響，談談它在養生平臺上的分量。

我們常說「有限」與「無窮」，一般都是意指時空和事物的度量與範圍的形容詞，其實還有另一種解釋是「有了就應限制、沒有就會貧窮。」所以說：「富有千金，窮無寸鐵。」是兩個極端，都不是好現象，從宗教家的立場看來，不管是富有抑是窮無，皆屬身外之事，不足掛齒，尤其是所謂的「有」，不論是抽象的或是具象的，終將回復為「無」。試看人類自呱呱墮世，全身赤裸，後來一切的「有」，莫不是外來的，而且都是人為的「擁有」、「據有」、「佔有」，「持

有」、「領有」、「竊有」、「奪有」而來，所有的「有」，均從「空無所有」而「有」，莫不是「無中生有」。當我們處心積慮、辛勤經營、巧取豪奪、搜括累存到「有」時，猶不知足，兀自貪婪，一旦雙手一攤，「所有」又回歸「空無」。

當然，任何人都希望「有」，而不喜歡「無」，因為凡是「無錢」、「無勢」、「無權」、「無業」都是公認的悲劇，即便是「無聊」、「無趣」、「無賴」、「無助」、「無味」、「無奈」也不是人們所喜愛的，這已是人之常情，很難改變。

但是，我們縱然不喜歡「無」，卻經常把它和「有」綁在一起，相提並論，互為襯托。例如下面這些成語：有口無心、有心無力、有勇無謀、有名無實、有君無臣、有才無品、有功無賞、有志無時、有益無害、有始無終、有情無義、有教無類、有備無患、有行無市、有頭無尾、有己無人、有恃無恐、有氣無力、有眼無珠、有增無減、有權無責等等，不勝枚舉。其實這有與無往往是互相反射對照的，在我們的日常生活上，能夠運用有與無的調適，彼此呼應，可以獲得許多助益。正如清代陳繼儒在其《小窗幽記》中所云：

> 無事如有事時提防，可以弭意外之變；有事如無事時鎮定，可以銷局中之危。

這就是很好的例證。

前賢講究修身養性，常常也拿有無來惕礪自己，如張橫渠的「六有」之說：

> 有言教、有動法、有晝為、有宵得、有息養、有瞬存。

《文中子》的「七無」之說：

無諾責、無財怨、無專利、無苟說、無伐善、無棄人、
無蓄憾。

要能做到六有七無的境界，並非一般人所能到達，猶如
《莊子・逍遙篇》說：「至人無己，神人無功，聖人無名。」
凡人怎麼做得到？不過，有些「有無」是潛存在人們的心底
的，跟現實的有無並不相干，譬如眼前雖無珍饈，只要心中
暗想，就會吞口水；雖無穢物，只要想及，就會感到噁心。有
修持的人，是不會被眼前或心中的「有無」影響到情緒和行為
的，明代馮夢龍的《古今譚概》中有一節記載說：

宋代理學家程顥、程頤倆兄弟有一次聯袂赴宴，程頤見
有妓女在座陪酒唱歌，立刻掉頭就走，而程顥卻留下盡
歡而散。次日，程頤在書房中見到程顥，對昨日之事依
然耿耿於懷，面露悻色。程顥卻若無其事地說：「昨日
座中有妓，我心中卻無妓；今日書房中無妓，而你心中
卻有妓。」程頤聽了深感慚愧，承認自己的修養還遠不
及其兄。

可見「有無」的觀點與體會，要看各人的修養，有人雖
不富有，卻覺得很滿足、很幸福；有人億萬家財，卻日夜都處
在緊張悚懼的心態中。

所以在養生平臺上除了生活必須的條件之外，寧可「少
有多無」，尤其是年紀大的人，更應該把「有」看淡；將
「無」看重，勿汲汲於擁有，宜漸漸習空無。唐代「藥王」孫

思邈在其《千金翼方》書中指出：

養老之要；耳無妄聽、口無妄言、心無妄念，此皆有益
老人也。

他更詳盡地舉例養生必須「十八無」，那就是：

無念惡、無念殺、無念欺、無舉重、無疾行、無喜怒、
無極視、無極聽、無大用意、無大思慮、無吁嗟、無叫
喚、無泣啼、無悲愁、無哀痛、無慶弔、無接待賓客、
無預局席。

他說：

能如此者，可無病長壽，斯必不惑也。

真能做到如此，恐非常人，我們不妨把它作為養生參考
也好。有詩為證：

個人一切有終無，宇宙萬物無生有。
若無病痛又無憂，有生之年復何求？

55. 傷痛欲絕

提起傷痛，一般人總以為是皮肉受傷而疼痛，因為人身皮膚表層上分布著兩百到四百個「痛點」，是專司痛覺的器官，依據外來的割傷、擦傷、刺傷、打傷、裂傷、撞傷、挫傷、螫傷等刺激力度的強弱而傳遞訊號到大腦神經中樞，使人感到不同程度的疼痛，當傷口癒合之後，就不覺得痛了。其實，更有一種看不見傷口的痛，那才要命，這種傷痛又分為肉體上的和心理上的兩種，常見的頭痛、牙痛、胃痛、關節痛、腰椎痛以及無名腫痛等屬於前者；哀痛、悲痛、悼痛、心痛等屬於後者，這種看不見、摸不著的傷痛，往往是因為人生的不幸所造成，如生離、死別、失戀、婚變、思鄉、懷親、意外、天災、橫禍、破產，這些遭遇，會令人悲哀憂慽、心頭滴血。《後漢書・司馬遷傳》：「悲莫痛於傷心。」所以心傷的痛苦指數，是比皮傷的疼痛要高出很多倍的。

由此可見，傷是因、痛是果，皮肉之傷易合，疼痛易消；心靈之傷難癒，悲慟難解，所謂「痛心入骨」、「痛心疾首」、「痛心拔腦」、「痛心欲狂」令人聞之驚悚，古人造字註音，以「傷」與「殤」；「痛」與「慟」同音，原來是深具涵義的。人生在世，皮肉的傷痛也許可以防範，心靈的創傷卻誰也無法避免。

唐杜甫「死別已吞聲，生別長惻惻。」清鄧孝威「千古艱難唯一死，傷心豈獨息夫人。」這是敘死別的傷痛。

唐柳永「多情自古傷離別。」唐劉長卿「猿啼客散暮江

頭，人自傷心水自流。」這是寫生離的傷痛。

唐杜甫「花近高樓傷客心，萬方多難獨登臨。」民國蘇曼殊「相逢莫問人間事，故國傷心只流淚。」這是訴憂國的傷痛。

唐劉禹錫「人世幾回傷往事，山形依舊枕寒流。」唐高蟾「世間無限丹青手，一片傷心畫不成。」這是懷往事的傷痛。所謂「傷心淚盡話當年。」人生不知道有多少傷心的事，像蛀蟲一樣在啃噬著心頭，日愁夜慮、意亂神疲，對養生保健是一大警訊和危機。

在養生平臺上看來，不論是心傷抑是肉痛，都是忌諱；不管是心靈或是肉體，最好都別受傷。東晉醫學家葛洪的《抱朴子》中云：「養生以不傷為本。」因為「人生之體，易傷難養。」所以他特別強調說：

才所不逮，而困思之，傷也；力所不勝，而強舉之，傷也；悲哀憔悴，傷也；喜樂過差，傷也；汲汲所欲，傷也；久談言笑，傷也；寢息失時，傷也；挽弓引弩，傷也；沉醉嘔吐，傷也；飽食即臥，傷也；跳走喘乏，傷也；歡呼哭泣，傷也；陰陽不交，傷也。積傷至盡則早亡，早亡非道也。

其實這些要點，我們大致也都知道，只是經常疏忽，未加留意而已，因此葛洪還提醒大家：「不可以小損為無傷而不防。」尤其是對於心理上的損傷，往往得過且過，但是，在腦海中仍然會反覆浮現傷痛的事實，也會在惡夢中重現；於是會產生過度的警覺與敏感，注意力無法集中，變得煩躁、失神、消沉、沮喪、難眠，終於將會釀成憂鬱、焦躁、自閉、輕生等

症狀。

　　內心的傷痛大多集中在四十歲以上的中老年人，逝去的青春已經捲走了許多歡樂和帥氣，而沉澱在腦海中的卻是成堆的垃圾；感慨、懊惱、悔恨、失落、遺憾、孤獨、無助，茫茫人生，何去何從？失去的機緣、友誼、親情、蜜意、幸福，已經無法重複再現，緬懷往事，寧不唏噓？

　　如果年長又加體弱，病魔纏身，眼看同輩友儕仍然照常活動，自己卻心餘力絀，忍受疾病的折磨，內心裡的傷感痛恨，往往會使身體更加耗弱。還有夫妻離異與喪偶所造成的心靈創傷，可使內分泌功能錯亂、免疫系統功能失調，誘發各種身心疾病，許多相依為命的伴侶一旦折翼，另一半每因悲傷過度而在短期內相繼去世。此外，還有若干意外的不幸、事業的挫敗、子女的不孝、飛來的橫禍、無端的冤屈、理念的破滅等等，也會令人傷心懊惱、悲哀悔恨，同樣也是健康的大敵、養生的蟊賊。

　　根據心理學者的研究分析，當人們遭遇到傷痛欲絕的事故時，會產生四個階段的反應：先是震驚與麻木、再是否認與退縮、三是醒悟與痛苦、四是適應與新生。能夠進入第四階段，傷痛之心，已經漸入佳境，最怕是情緒一直停滯在第三階段之前，那就會被壓抑、傷感、憂悒、絕望等痛苦的心情排斥了健康。

　　肉體的傷痛可以用藥物去治療復健，內心的傷痛只能用自覺的疏導撫慰，才能療傷止痛。這裡建議幾個方式：哭泣是排放內心傷痛的洩洪河、流淚是洗滌心靈傷口的消毒水；訴說是釋出心頭積血的排水管、移情是轉換傷心環境的交流道；不要逃避事實、不要忌諱哀悼、不要暗自神傷、不要鑽牛角尖。因為「傷心」像一垛酵麵，越悶藏其發酵性越強烈，結果將會

震垮養生平臺的結構。故云：

> 傷心於事已無補，悲慟只能增痛苦。
> 何妨哭訴哀怨情，更換環境自安撫。

56. 形神相依

《世說新語・容止》

裴令公（楷）有儁容姿，一旦有疾至困，惠帝使王夷甫往看；裴方向壁臥，聞王使至，強回觀之。王出，語人曰：「雙眸閃閃，若巖下電；精神挺動，體中故小惡。」

這段記載說明王夷甫善觀氣色，看了裴楷的眼神，就知道他不過是有一點小毛病。所以中醫診斷，望聞切問，首先就是要觀看神色。《素問》云：

凡治病察其形氣色澤。

是很科學的方法。

人的肉體成「形」，氣色為「神」，這「形」包括形態、形狀、形容、形貌、形跡、形象；「神」則包括神情、神色、神氣、神韻、神彩、神志。有形無神為屍，有神無形成魂，這形神兩者，相依相附，互助互補，在正常的情況下，很少有身體不適而精神旺盛、或精神耗弱而身強體健者，大抵都是形神同步、相得益彰，反之則是形衰神散，委靡憔悴。所以唐代名醫孫思邈的《存神練氣銘》說：

> 夫身為神氣之窟宅，神氣若存，身康力健；神氣若散，
> 身乃死焉。

　　一般所謂「養生」，實則包涵「養形」與「養神」兩方面，養形是從飲食起居、言行運動著手鍛練形體；養神是從修心養性、進德為善著手培元固神，因此養形是以動為主，養神是以靜為要，形體宜多動，心神宜常靜，多動則筋骨硬朗，多靜則心安情逸，這樣才可以做到「形與神俱，而盡享天年。」

　　遺憾的是有許多人不是偏重養形而疏忽養神，就是不知養形也不知養神，更嚴重的是誤認為滋補就是養形；逸樂就是養神，造成了相反的結果。明張介賓編撰之醫書《景岳全書》中《治形論十七》云：

> 無奈人昧於養形之道，不以情志傷其府舍之形、則以勞
> 役傷其筋骨之形，內形傷則神氣為之消靡；外形傷則肢
> 體為之偏廢，甚至肌肉盡削，其形可知；其形既敗，其
> 命可知。

　　這就是說偏與過均非養生之道，甚至可能釀成戕生之機。今人在生活上往往形成兩個極端：一是形體過胖、贅肉太多，皆由於饕餮而不運動，另一極端則是拚命節食或服藥以削盡肌肉，保持苗條、減肥求美。須知外形痴肥必然神渙志散，心臟病高血壓隨之而至；肌肉乾瘦、體重太輕，定然疲弱不振，免疫系統與內分泌系統功能必然失調，這兩者都有損於養生保健，焉可不慎。

　　一個人的精神，最易流露於眸光、顯現於語音、展示於動作、映色於印堂，即便形體患有微恙，也會立即反映在精神

狀態上，如果體力消耗過甚、睡眠不足，馬上就可以從其眸光臉色看出倦態，只要是目暗無光、睛迷眸亂、呼吸異常、言語失倫、形悴色敗，必定是大勞超支，耗損元神。這種現象，旁人幾可一目了然，即便是自己，也會很明顯地感覺出來：手足乏力、頭眩目迷、腳步沉重、思緒散漫、食欲不振、昏昏欲睡，這就是疾病的前兆、危機的徵候。

道家認為「血筋骨」與「精氣神」是構成一個活人的基本要素，缺一不可，神是人的真性；靈明莫測、妙應無方。氣是神之母；氣在則神聚、氣衰則神散。精是氣之源；精旺則氣盛、精竭則氣虛。所以力主固本培元、攝情歸性，先從提煉元神著手，以神導形、以形聚神，則可延壽，我們看許多老年人，體形清瘦、肌無贅脂，猶如子立修竹，似乎弱不禁風，可是他反而精神矍鑠、身手矯捷，俗稱「仙風道骨」、「老松古柏」，存活的壽命，比那些外表體形壯碩的人要長得多。明代袁了凡的《攝生三要》也強調聚精、養氣、存神。他說：

聚精在於養氣，養氣在於存神。

同時代的明儒王文祿著之《醫先》中也提到：

養生貴養氣，養氣貴養心，養心貴寡欲。寡欲以保元氣，則形強而神不罷，若形壞則神不存，神離則形不固。

可見醫家與道家均持相同的看法，值得我們重視。

古代先賢研究養生之道，莫不從「心純性靜」的修持切入，譬如儒家著重存心養性、道家主張修心煉性、佛家揭櫫明

心見性，諸說殊途同歸，均聚焦於「心」，而心則是神與形的中樞，要讓神形輝映、氣血順暢，必須先從心性下手。明代醫家萬全在《養生四要》書中指出：

> 故心常清靜則神安，神安則七竅皆安，以此養生則壽；
> 心勞則神不安，神不安則形神皆危，使道閉塞而不通，
> 形乃大傷，以此養生則殃。

太史公說得更具體：

> 夫神者，生之本；形者，生之具也。神大用則竭、形大
> 勞則斃。神形早衰，欲與天地長久，非所聞也。

如何不使神大用、形大勞？端在心性主宰，因為「心動神疲、心靜情逸。」這是最簡單的道理。

是以在養生平臺上是反對汲汲於名利、營營於欲念的，因為這些世俗的追逐，往往都是在不知不覺中，透支大用、摧殘神形以博取空幻的、浮漚的虛榮，實非智者的作為，只可惜芸芸眾生，絕大多數都如《列子・楊朱》所說：

> 矜一時之毀譽，以焦苦其神形。

放眼周遭，真正淡泊瀟洒者能有幾人？故曰：

> 憂喜何須留於意，愛憎不必棲於情。
> 存得一片清心在，不損元神不勞形。

57. 輸贏前後

　　提起輸贏，一般人都會立即聯想到賭博，因為坐上賭桌，必有輸贏，輸時懊惱痛心；贏時亢奮愉悅，這是人之常情，當然，也有極少數的異類，輸贏都無動於衷，不以為意，這種人不是修養功夫到家，就是患有一種「刺激冷感症」。

　　其實，輸贏不僅僅發生於賭場，人生處處都是輸贏的競爭場，輸輸贏贏，贏贏輸輸，變動不居，譬如情場、試場、商場、操場、職場、官場、選場、排場、球場、凡是有兩個人以上的場合，必然就有鬥爭比較，宇宙萬物，也都在「物競天擇」，即便是在聽不到看不見的地方，照樣時時刻刻都在決定輸贏，例如我們體內的免疫力和白血球，不是隨時都在與入侵的細菌病毒搏鬥，以定輸贏麼？

　　所以，競賽、鬥爭、賭博、弈棋、飲酒、拚搏、追求、學習、求職、升遷、趕工、應試等等，都會有輸贏，如果事事計較勝負，時時盤算輸贏，那不得憂鬱症、精神病才怪。可是就有一些人對於輸贏特別敏感，以致參與任何活動，事前必定誠惶誠恐、提心吊膽，就怕輸掉；事後肯定患得患失、悔恨懊惱，因此一直處在焦躁、不安、遺憾、緊張的情緒中，身體怎能安然無恙？

　　人們往往只重視金錢的輸贏，一場麻將輸了幾千元，心裡就很窩囊；一筆生意賺了幾萬塊，也就是贏了，當然就很高興。除了金錢，恐怕就是面子，國人尤其愛面子，有時寧可輸掉裡子，甚至花錢當凱子，也要贏回一丁點空洞的面子，其實

　　有些東西，是無法用金錢來衡量的，金錢輸掉了，還有機會再贏回來，如果是健康輸掉了，恐怕再也贏不回來了。

　　譬如夫妻相處，有時為了細故爭執，一個堅持原則；一個講究面子，誰也不肯認輸，如果沒有一方及時退讓，縱然不至於立即比離分飛，其結果必然是「贏了原則，輸了感情。」或是「贏了面子，輸了裡子。」要不然就是「輸了感情，更輸了健康」的雙輸局面。

　　有些人的性格是「只能贏不能輸。」俗稱「輸不起。」這種人，身心不會很健康，因為性格影響情緒；情緒擾亂內分泌；內分泌不正常，就會把身體搞得七葷八素。我的長孫在小時候，和家人玩撲克牌，輸了就泫然欲泣、沮喪敗興，非得讓他贏了才眉開顏笑，這個現象很嚴重，我和老伴想盡方法開導，並且以身示範，故意輸給他之後，我們依然談笑自如，強調輸贏乃平常小事，用不著太計較，幾年過後，小傢伙的輸贏觀念，才改正過來。

　　當然，求贏是進步的動力，如果事事認輸，生活就失去了活力，那是出家人的思想行徑，但是可不能抱持「非贏不可」和「絕不能輸」的執著，要能做到「能贏最好。」還要有「輸又何妨」的豁達。這就是「勝不驕、敗不餒」的精神。

　　有些事情，在開始時就可以預見其結局的贏輸，可是仍有堅毅樂觀的人一以貫之，不但不退縮放棄，反而奮力以赴、盡力而為，結果可能反敗為勝；同樣地，一開始就以為穩操勝算、必贏無疑，到頭來可能功敗垂成、由贏轉輸，所以在人生的競賽場上，有的是輸在起跑點，有的是輸在終結站；也有的是輸在中途，也有的是輸在兩端，但是無論如何，輸贏的定論，總是歸結在最末，就像一場球賽，在裁判尚未吹響比賽結束的哨音之前，輸贏猶未確定，白居易詩云：「輸贏須待局終

頭。」就是這個意思。

　　史傳左宗棠是圍棋高手，每弈必贏。奉旨領兵平回那年，途經甘肅某村，遙見一鄉紳大門上掛有「天下第一棋手」的匾額，他頗不以為然，特地駐軍拜訪，和鄉紳老者連下三盤，結果都是左宗棠贏，於是對老者說：「你那塊匾額明天應該取下來了。」後來左宗棠平亂班師，仍經該村，他正在馬上吟詠：「大將西征人未還，湖湘子弟滿天山。新栽楊柳三千里，贏得春風渡玉關。」抬頭一看，「天下第一棋手」的匾額依然還高掛在那家大門上，心中不悅，遂下馬入訪。老者說：「再下三盤，如果大帥贏了，老朽立即下匾。」結果這次是三盤皆輸，左宗棠大為驚訝。老者徐徐地說：「上次大帥統軍出征，老朽不忍打擊戰志，如今大帥凱歌回朝，老朽就用不著顧忌了。」左宗棠佩服得五體投地，老者恭送他出村時說了一句贈言：「其實人生中的輸贏又算得了什麼？」左宗棠深有所感。

　　這一段故事給我們一個啟示，那就是能讓別人贏，才是真正的贏家；願意成全他人不輸，才是實際的勝者。從輸贏的角度來看，左宗棠的「新栽楊柳三千里，贏得春風渡玉關。」跟杜牧的「十年一覺揚州夢，贏得青樓薄倖名。」韓偓的「光景旋消惆悵在，一生贏得是淒涼。」同樣是贏得，可是意義卻有天壤之差。

　　由此可見，在人生的奮鬥過程中，贏要贏得有意義，輸要輸得無怨尤，輸贏之前要盡力以赴；輸贏之後應坦然處之，這樣，才符合養生之道。故曰：

　　　　錙銖必較胸襟窄，寵辱不驚心地寬。
　　　　勝莫驕來輸莫慌，讓他贏了又何妨？

58. 難易相成

　　難與易，猶如大與小，是相對比較而來，並非絕對。因為某些事在甲看來很難，可是在乙看來卻是易事；譬如眼前一道橫溝，試想跳過，肯定為難，如果後有惡犬吠逐，必定一躍而過。古人云：「天下無難事，只怕有心人。」可見難易的區別，是用人心去衡量的，是故有「人所忌憚曰難，不難曰易」的詮釋。

　　我們常說的「困難」，是「簡易」的對稱，窮困、艱困當然就難過；簡單、簡略自然就易成。有人以「容易」對「色難」，確是很工整的對仗，所謂容易，有兩種意義；一是說「寬容則事易也，不見寬容則事不易。」另一說法是「面容易變、喜怒無常。」俗云「翻臉如翻書」，猶如川劇中「變臉」之迅速特技也。至於「色難」，則是孔子回答子夏問孝的話，指出孝順父母要能夠一直保持和顏悅色，確是難事，「蓋孝子之有深愛者，必有和氣；有和氣者，必有愉色；有愉色者，必有婉容，故事親之際，惟色為難耳。」古人對父母孝順，日常連臉色都要流露愉悅委婉的神情，讓父母安心寬慰，那像現代有些子女，不但經常對父母惡言厲色、甚至拳腳相加，真是畜牲不如。

　　老子云：「有無相生，難易相成。」原來有了難，才有易；有了易，才有難，難易相成，架構人事。但是其間的輕重先後，竟成人生哲學上的議題：見易非易、知難不難；行難知易、知難行易、難知難行、易知易行，這些理論不是三言兩語

可以說得清楚，我們只從養生平臺上來看難易，還比較具體實用，「竹林七賢」之一的嵇康，在一千八百年前就大嘆人們養生之難有五：

> 名利不去為一難，喜怒不除為二難，聲色不斷為三難，滋味不絕為四難，神慮精散為五難。

他說：

> 五者無存於胸中，則信順日躋，道德日全，不祈善而有福，不求壽而自延。

但是，我們不妨捫心自問：果能做到嵇康所提的五難不沾、胸中不存嗎？

常言道：做事容易做人難。這句話只針對人際關係的錯綜複雜而言，其實還有一項是指做人在養生保健方面也比做事要難，有許多非常容易的養生要領，都難以做到，遑言嵇康所提的那五難了。舉例來說：良好的習慣就是比壞習慣難學，抽菸、嗑藥、吸毒、飲酒、賭博、電玩、熬夜等對健康有損的行為幾乎一學就會，毫無難處，而且還難以更改戒除，可是一些有助保健養生的動作，任憑旁人耳提面命、醫生諄諄告誡，自己也明知其重要性，卻難以養成習慣，譬如外出回家要更衣、飯前便後要洗手、睡前餐後要刷牙、早晨起床要運動、個人衛生要講究、生活環境要整潔、對人笑口要常開、每天排洩要正常等等極為簡易可行的動作，就是做不到，要養成習慣，好像比登天還難，而人們的疾病沉痾，往往就在易而不為的隙罅處乘虛而入，腐蝕生命，這不幸正符合了前賢所說「易則難以持

恆，難則易於棄置」的危機。

　　「一時歡樂易得，三年無病難求。」的確，所謂三軍易得，一將難求。又云：除山中賊易，去心中賊難。就是由於我們很難駕御控制心中的欲望，以致被名利、喜怒、聲色、滋味所蠱惑，弄得神虛精散、體弱身虧，這些道理，一般人都很清楚，然而就是明知故犯、積重難返，把健康的基礎崩潰於日常的不良習性之中，寧不令人惋惜？

　　做任何人與任何事，都是開頭難、有恆更難，所謂「相見時難別亦難」、「敗家容易興家難」、「得病容易復健難」、「花錢容易賺錢難」、「增肥容易減胖難」。奇怪的是人們養成有損身心的壞習慣，卻正好相反，不但開頭容易、有恆也不難，就拿抽菸賭博二事來說罷；青少年用不著別人教導，很容易就學會了，而且還持之以恆，難以割捨，面對那些家人師長的開示、傳媒箴言的啟發，卻很難產生作用。大文豪蕭白納有一句名言：「戒菸很容易，我已戒過一百多次了。」相信不少人都有這種經驗，可見難與易有時是相互矛盾，卻又相互相成的。至於賭博，筆者曾經親眼看到幾個好友在麻將桌上發生衝突，互罵「下次王八蛋才跟你們打牌！」我以為他們其中一定有人戒賭了，不會再相約聚賭了，可是隔不了多少日子，我又看到原班人馬湊在一桌，玩得不亦樂乎。賭咒發誓都阻撓不了賭興，可見要革除一項不良習慣，該有多難！

　　由此可見，有些事情易學難精、有些習慣易染難革、有些情緒易發難制、有些語言易出難收，在養生平臺上也可以發現許多疾病易得難治、許多細菌易染難防、許多痼疾易發難斷、許多惡習易成難改，這都是人們的通病，環境的影響，以致形成健康和壽命的折扣。王安石有兩句詩云：「看似尋常最奇崛，成如容易卻艱辛。」蘇軾也有詩云：「有道難行不如

醉，有口難言不如睡。」用在養生平臺上，倒也可以作為難易相成的另一詮釋。所以這裡也有一首詩為證：

　　自古養生原不易，如今保健更加難。
　　成功每從難處得，身體常在易中殘。

59. 久暫無限

　　長久或久遠、短暫或暫時，都是人們對時間遞嬗的概念，沒有肯定的標準，「十年一覺揚州夢」、「天長地久有時盡」，說是長久也是短暫。我們常說「好久不見」，可能是數日或是數月；「暫借一下」，可能是幾秒或是幾天。心情愉快時，雖久也不覺得久；日子難過時，雖短暫也覺得好久，「度日如年」與「度年如日」的差別，完全在乎人們的感覺。

　　在日常生活中，約會等伴、開會等人、車站等車、醫院候診，好像時間特別久長，等得很不耐煩。但是在歡樂氣氛、全神貫注、情話綿綿、心曠神怡的時候，雖然已經很久，卻如一霎那之間。有情人睽違，常有「一日不見，如隔三秋」之慨；討厭的人，很久才偶爾碰面一次，「怎麼又遇見了？」像這樣的時間久暫，是憑感覺而來，與時間的長短久暫無關。不過根據英國網站做了一項調查統計：等人時的忍耐程度，極限是遲到十分十七秒鐘，超過就無法忍受，要知道這十分多鐘雖然短暫，在英國卻已經有十二個嬰兒誕生、三千八百多人登上飛機、全球已經傳出了五億九千多封電子郵件，可見萬萬不可小看那短暫的十分多鐘。

　　我們看這個「暫」字，上斬下日，意思就是將一日斬成若干節，每節自然就很短暫，而長久的日子，卻是由無數個短暫的時間累接而成，所以古來只要寫一暫字，不必加時字，就代表了短暫的時間。白居易：「今夜聞君琵琶語，如聽仙樂耳暫明。」劉禹錫：「今日聽君歌一曲，暫憑杯酒長精神。」以

及韓越的「暫出城門踏青草」和李益的「曉月暫飛千樹裡」，都是形容時間的短暫。

所以說，久和暫，是沒有具體的尺度和界限的，從宇宙的角度來看，久暫可以無限；就個人的一生來看，久暫就很有限了。問題就在於如何運用這有限的時間，創造出無限的價值，有人活了一百歲，算是很久了，可是並沒有留下任何痕跡，有人只生存了短暫的歲月，卻讓後世的人永遠無法忘懷：莫札特只活卅五歲、舒伯特只活卅一歲、王勃只活廿九歲、顏回只活三十歲，他們的樂章和文才，卻永垂千古，直到永久。

可見久暫之間，殊難定論，蜉蝣與曇花、石火與電光，夠短暫了吧，但是對其本身來說，卻是完成了一段過程，畫下了完美的句點，遺憾的是有人竟在悠長的人生道路上，居然以追逐短暫的刺激來踐踏美好的未來；K他命、搖頭丸、海洛因、安非他命、AMT、一晌貪歡，片刻銷魂，換來的是長久的沉淪、畢生的痛苦，這就違悖了生命的意義，也辜負了父母與社會的養育之恩。前賢嘗言：「暫勞永逸。」先要不辭勞苦、熬過短痛，勿圖當下的享受，才會有長久的逸樂，《抱朴子》云：

久憂為厚樂之本；暫勞為永逸之始。

這兩句話說得無懈可擊。

在養生平臺上來看久暫，也與保健息息相關，唐代名醫孫思邈在《千金要方》中指出：

養生之道；莫久行、久立、久坐、久臥、久視、久聽，蓋以久視傷目、久臥傷氣、久立傷骨、久坐傷肉、久行

傷筋也。

　　這裡所說的久，是過度、太久逾時的意思，任何活動，都不宜超越體能、違悖常態，試想在網卡裡夜以繼日地上網電玩、在牌桌上通宵達旦地搓麻將，怎能不傷元氣、不損健康呢？許多人在年輕時率性而行、隨心所欲，等到上了年紀，諸病纏身，腰痠背痛，天天跑醫院，餐餐吞藥丸，博得「久病自成醫」的雅號，換來「久病故人疏」的悽涼，落得「久病無孝子」的窘蹙，釀成「久病多厭世」的悲劇，已經後悔莫及矣！

　　久病故人疏，久病家人嫌，藥罐子、老病號固然不幸，但是也有很多看似沒病的人會發生暫時性的頭痛、掉髮、突然昏厥、步履障礙、失去嗅覺、胸口發悶、意識不清、手腳麻木、言語不順、視覺模糊、臨時失憶等現象，千萬不要以為這些暫時性的現象無關緊要，須知其根源可能來自「短暫性腦缺血」，也叫做「小中風」。臺灣地區從四十到六十四歲的民眾有百分之三・四一，六十五歲以上有百分之十一・六一的人曾經患過這種現象，它正是腦中風的前兆。

　　這種短暫性腦缺血的症狀，大多出現在秋冬之交，特點是呈現暫時性的中樞神經功能障礙，持續時間由七到十分鐘，最久到廿四小時，就自動消除障礙，超過這個時間，就是中風，而不叫小中風了。

　　不少人會發覺自己突然忘了自家的電話或門牌號碼、叫不出自家人的名字，或是反覆提出相同的話題、重複操作已經做過的事情，彷彿時間回到從前，就得注意了，接下去就會暫時完全失憶，更嚴重就是中風。

　　造成這些暫時性腦缺血的原因很多，一般都是由於生活艱困、精神壓力過重、日夜勞累、情緒刺激、房事過度等等，

使腦部一時發生病變所造成，據醫界統計：得過這些症狀者，有百分之十五的人會再得腦中風，多麼驚人！

　　由此可見長久與短暫，功能無限、利弊互見，若能妥善運用，掌握契機，自然就可除弊興利、平安喜樂了。故云：

　　石火光中顯榮耀，蜉蝣翅上展雄風。
　　爭長道短有何用？懂得養生便不同。

60. 血氣互動

《論語》：

> 君子有三戒；少之時，血氣未定，戒之在色，及其壯
> 也，血氣方剛，戒之在鬥，及其老也，血氣既衰，戒之
> 在得。

這「血氣」二項，相互相成，不能稍有偏頗，因為它對
我們身體的健康與否，關係至為密切。

大家都知道皮膚破了就會流出殷紅的液體，那就是血。
西醫說是由血漿和紅白血球合成，中醫書《靈樞》中說：

> 胃中內腔（中焦）受氣取汁，泌糟粕、蒸津液、化其精
> 微；上注於肺脈，乃化而為血。

這血對人體太重要了，它灌溉全身，無所不及，《景岳
全書》云：

> 凡為七竅之靈、為四肢之用、為筋骨之和柔、為肌肉之
> 豐盛、以至滋臟腑、安神魂、潤顏色、充營衛、津液得
> 以通行、二陰得以調暢，凡形質所在，無非血之用也。

可見人之成形，端賴血液充填。

但是血液怎麼能夠暢流運行全身呢？則是依靠「氣」在推動，氣是一種會不斷運動、活動力很強的極其細微的物貨，它是構成人體、維持生命的最基本物質，其生成的來源有三：來自父母的先天精氣、其次是消化吸收後天的水穀之氣、以及透過呼吸所得的清氣組合而成。它對生理的最大功能是推動血液、溫煦肉體、固攝養分、防禦外侵、氣化作用。如果依其來源作標準可以分為元氣、宗氣、營氣、衛氣、臟腑經絡之氣五種。全身血液能夠循環不息，必須脈道通利、血量充足、脈管固攝、心氣推動，所以古人認為氣為血之帥、血為氣之母。

孟子嘗言：吾善養我浩然之氣。什麼是浩然之氣？

一者少言語養內氣，二者戒色欲養精氣，三者薄滋味養血氣，四者嚥津液養臟氣，五者莫嗔怒養肝氣，六者節飲食養胃氣，七者少思慮養心氣。

古人所言，無非「守中實內、固攝真元。」也就是從平常生活中培養氣血，臻於養生之道，達到長壽之境。所以《養真集》云：

夫人之一身，總是一氣之周流，氣通則快，氣塞則病，故手舞足蹈，以養其氣血，此法不拘時候，得便就行。

所謂手舞足蹈也就是肢體的運動，平時的運動可使內部的氣血流通順暢，避免瘀塞，減少痠痛，俗稱痛乃不通，通則不痛，其理甚明。

如果氣虛而不足，推動力就微弱，於是血液運行受阻、氣行不暢，血就無法順暢循環，不能均勻遍及全身，就會造成

局部性的瘀滯，也就之肥胖的肇因。高血壓也是氣血違和、血
鬱於上、氣上不下，而導致氣血逆亂、久鬱致瘀、痰瘀互阻、
久病入絡的現象，對心臟的損傷至大。

　　人的體內氣血之盛衰，可以從臉色上反映出來，也就是
常說的「氣色」。善觀氣色，是中醫和相命的重要技巧之一，
由於氣色若隱若現、似有似無，必須憑經驗觀察、閱人多矣，
才能拿捏得準。大致說來，我們國人健者的臉色是黃中帶紅，
明潤含蓄，精神朗爽，容光煥發。中醫師認為氣色青紫者肝不
好、潮紅者心不好、泛黃者脾不好、蒼白者肺不好、烏黑者
腎不好。此外，如果臉色蒼白、頭暈心悸、倦怠乏力、沉默懶
言、不想動彈、手足冰冷、四肢痲木、大便清稀、胃口缺缺等
情況，那是氣血兩虧，氣血運行不暢，必須就醫求診。西漢董
仲舒《春秋繁露》中云：

　　故養生之大者乃在愛氣，氣從神而成，神從意而出，意
　　勞者神擾，神擾者氣少，氣少者難久矣。

書中特別提到損害人氣的十大原因是：

　　太實則氣不通，太虛則氣不足，熱勝則氣泄，寒勝且則
　　氣滯，太勞則氣不入，太佚則氣晚至，怒則氣高，喜則
　　氣散，憂則氣狂，懼則氣懾。

因此董仲舒主張：

　　閉欲止惡以平意，平意以靜神，靜神以養氣，氣多而
　　治，則養身之大者得矣！

　　體內血液不足，就無法分布到血管末梢，縱然氣足，也無能為力，那就得補血。西醫叫做「貧血」，用不著抽血檢驗，從下面這幾項現象就可以看得出來；一是臉色蒼白，皮膚乾燥，偏黃而無色澤。二是眼結膜泛白。三是指甲沒有光澤，而且泛白變薄，斷裂上彎。四是頭暈、疲勞、注意力不能集中、記憶力越來越差、容易心悸等。平常檢視我們自己的體能，應該就可以知道是否貧血。

　　經驗豐富的中醫，即便是觀察上下兩唇的顏色，也能夠檢視出全身的毛病。例如嘴唇淡白，沒有血色，屬於氣血雙虧、貧血、或陽虛寒盛、脾胃虛弱，可能經常腹痛、泄瀉、畏寒、胃口欠佳。如果嘴唇呈深紅色，所謂「唇如點朱」，看起來嬌豔欲滴，卻是熱症在身，因為陰虛火旺、內有實熱的人，往往反映在嘴唇上，鮮豔似火、唇焦舌乾。還有嘴唇顯出青紫之色，多屬氣滯血瘀，易患急性疾病，特別要提防心血管阻塞。至於嘴唇烏黑暗黯，而且乾焦易裂，那是大病臨身的徵兆，要注意肝臟的病變。可見一點櫻唇的色澤，也是血氣的櫥窗，焉能小覷？

　　所以無論是未定、方剛、或是既衰的血氣，都和養生息息相關，少年時戒色、壯年時戒鬥、老年時戒得，這都是從血氣上探究出人生的哲理，養生的學問，不能不佩服先賢的明智。故曰：

　　血液循環暢全身，稟氣充沛好精神。
　　戒色戒鬥還戒得，養氣養神即養生。

〈附錄〉 母親的養生平臺

　　我的母親於乙酉年九月初二，也就是公元1909年十月十五日出生於福建莆田縣延壽鄉的白杜村吳宅，從我的外祖母是纏著三寸金蓮看來，當時的家道一定還算小康，雖然居住農村，卻以書香傳家。只是外祖父英年早逝，膝下一子尚未成年，也不幸夭折，剩下我母親陪伴外祖母，十八歲時招霞尾隔蘭村廿三歲青年林壽瀾為婿，翌年十九歲就生下一男，那個男嬰就是我。

　　母親總共生育三男二女，可惜最小的一男一女，因逢日本侵華八年抗戰期間，生活艱困而致夭折，其餘二男一女，迄今均已邁入古稀之年。母親十九歲時生我，而我今年已七十八歲，算起來母親已近百齡。在這一世紀中，母親的命運是坎坷的；八年抗戰期間，跟父親在川桂受盡顛沛流離、敵機轟炸、挨餓逃難之苦。抗戰勝利後，我別母渡臺謀生，兩岸因國共內戰而遽告阻絕，音訊不通，母親日夜思念兒子，長達四十餘年，曾因過度焦躁憂鬱而致精神錯亂、語無倫次達二十年；其間兼逢中共十年文革大躍進，斷糧停炊，靠煮芭蕉芯、磨龍眼核當飯吃。但是孱弱瘦小的母親，居然能夠熬過難關，在七十四歲那年，和八十歲的父親被我經由香港輾轉接到臺灣來相聚，母子在香港相會時抱頭痛哭一場，淚水滌淨了母親心中積鬱了四十年的思念之苦，讓母親的身心宛如新生重建，百病皆癒。

　　兩老在臺北住了五年，海峽兩岸已可經由第三地互相往

來，於是為了免得二老在臺思念故鄉的子孫，尤其是八十五歲的父親堅持要「落葉歸恨」，只好又將二老經香港由東衡弟去接回福州，由東梅妹照料。那年母親已經八十歲，而次年八十六歲的父親不幸因心臟擴大而病逝福州省立醫院，母親遂由東衡弟接回莆田西天尾鎮定居，迄今又逾十八載。

近十幾年來，為了不讓母親再嘗天天「倚門懸望」之苦，我每年都得抽時間回去陪伴個把月，而母親卻是天天都要把我回去住宿的房間整理得一塵不染，好像我時時刻刻都可能回家的樣子，天下父母心，母愛的誠摯與精純、互恆與溫馨，世上沒有一樣情愫堪與比擬。

數十年的折磨與煎熬，使母親變得冷靜而沉默，清瘦得像一株沙漠裡的胡楊；腰幹背脊兀立，堅挺得像一根古羅馬神殿前殘存的石砫；特別講究衛生整潔，乾淨得像一尊大理石彫刻的聖母神像；乾瘦的雙手和滿臉的皺紋，刻劃著數不清的委屈、勞碌和痛苦的紀錄。每次回家，我們母子並沒有很多話可談，只是默默地相偎而坐，過去的種種，重複提起反而徒增傷感，此時無聲勝有聲，母親不時伸手摸摸我的禿頂腦袋、扯扯我的耳垂，心目中一定認為她的兒子還停留在少年離家時候的模樣，因此經常起身在臉盆裡擰一把濕毛巾幫我擦臉，我也就聽任其擺布，依偎在母親懷中，重溫幼時的親情溫暖，忘記了自己的年齡。

記得有一首歌詞說：「世上只有媽媽好，有媽的孩子像個寶，投進媽媽的懷抱，幸福那裡找？」當我依偎在母親身邊時，這首歌詞就湧現在我的腦中。我握著母親粗硬的手掌，這一雙手；刺繡、裁縫、種菜、耕田、洗滌、烹飪、照顧外祖母和父親、哺育抱大了我們三兄妹、撐起了吳家的門楣、維持了母親自己孱弱的體質、克服了無數次難關，這真是全世界最有

能力、最偉大、最勞碌的一雙手，每次我都緊抓住它，久久不忍釋手。

　　有時，我會懷疑母親自幼瘦弱的體質怎麼能夠支撐了一個世紀？既無舒適的生活、又無足夠的營養、更無愉快的心情、也無養生保健的知識，可是和母親同輩的人，早已先後作古，如今全鎮上萬人口中，唯有母親年齡最高，這是什麼原因？多少生活優渥、細心調護、百般補養的人，也鮮能活到耄耋之年，母親究竟是有什麼養生祕笈呢？根據我的觀察，可能是下面這幾方面極為平常的原因：母親從小就畏懼腥氣鮮味，魚蝦雞鴨，絕不入口，所以全程吃素。母親自幼就害怕殺生，心地慈悲，連活魚都不敢剖肚刮鱗。母親待人的態度是寧可自己吃虧，絕不與人爭強鬥勝。母親特別講究衛生，更衣淨身、抹桌掃地，從不馬虎。母親餐飲定時，吃量很少，而且絕不吃到飽脹。母親的作息，始終跟著宇宙的運行；天黑就睡、朝曦即起。母親的心腦中除了兒女之外，不存任何雜念。母親的信仰是多神論的，觀世音菩薩為主，眾神都受到膜拜。

　　時至如今，母親將近百歲，仍然是生活規律、事必躬親。每晨五時左右起床，鋪床疊被、開窗掃地、洗滌便盆、刷牙漱口、利用洗臉的水抹擦桌椅、翻日曆、向四方躬身合掌膜拜天地祖先、佛陀諸神，口中唸唸有詞，無非是幾句祈求子孫平安的禱告詞，然後坐在餐桌前等待東衡弟捧來一碗地瓜稀飯，配幾碟素菜，因為牙齒早掉光了，裝假牙戴不習慣，索性以牙齦作齒，所以只能吃一些細爛的菜餚，吃完了自己洗滌碗筷，然後到陽臺上走走看看。母親住在三樓，前後均有陽臺和窗子，居高臨下，可以觀賞樓下街道和樹木，空氣很好，又是南北向，夏天南風送爽，甚為宜人，有時興起，母親也會爬上四樓陽臺去欣賞十多盆盆栽花草，順便澆水。上午九時，東衡

弟就得準備一小碗點心，麵條、米紛、八寶粥、或米粿、糕餅等輪流更換給母親進食，吃了點心，自洗碗筷，接著就開始搓洗自己每天更換的衣褲。常常為了不讓她自己洗滌而逗得她不高興，非得自己清洗不可，即便是冬天亦然。

　　中午吃了午餐，也是一碗半稠的稀飯，然後靠或躺在沙發椅上睡個午覺，下午三時進點心，樓上樓下走走，或坐到電視機前瞧瞧，五點多鐘又到了晚餐時間，照樣是一碗稀飯，吃後除了洗碗筷、抹桌子，接著就淨身洗澡、自己鋪好被褥、掛好蚊帳、擺好便盆、關上門窗，這時，天剛昏暗，母親已經上床就寢了。

　　就這樣單調、平凡，日復一日，永不更改，數十年如一日，母親活在自己養生的平臺上，沒有高低、沒有急緩、沒有苦樂、沒有欲念，唯一的希望是看到自己的兒女、唯一的期待是每餐一碗稀飯、唯一的寄託是救苦救難的觀世音菩薩、唯一的娛樂是在電視節目中看看興化古裝戲，母親的生活規律始終保持固定的平衡、有恆的單純，與地球同步運轉、與俗世是非絕緣，這大概就是母親年登期頤，而仍然矍鑠的養生祕訣罷。